Empresa y Administración

Jaime José Antón Pérez

Formación Profesional

macmillan education

ÍNDICE

Unidad 1

Empresa, innovación y expansión internacional

Preguntas iniciales

1·· ¿Has trabajado alguna vez en una empresa?

2·· ¿Conoces los distintos tipos de empresas?

3·· ¿A qué nos referimos cuando hablamos de emprendedores?

4·· ¿Por qué crees que es importante la tecnología a la hora de innovar?

5·· ¿Por qué crees que es importante la expansión internacional de las empresas?

6·· ¿Has oído alguna vez hablar del término "franquicia"?

En esta unidad aprenderás a...

- Distinguir los diferentes tipos de empresas y empresarios.
- Identificar los diferentes tipos de innovación empresarial y sus riesgos.
- Reconocer el proceso de internacionalización empresarial y sus consecuencias.
- Clasificar los distintos tipos de expansión internacional.

EMPRESA, INNOVACIÓN Y EXPANSIÓN INTERNACIONAL

- **Empresa y empresario**
- **Tipos de empresas**
  - Personas físicas
  - Colectividades sin personalidad jurídica
  - Personas jurídicas
- **Innovación empresarial**
  - Iniciativa emprendedora e innovación
  - Proceso innovador en la actividad empresarial
  - Riesgo en la innovación
  - Tecnología e innovación
- **La internacionalización empresarial**
  - Origen
  - Dificultades
  - Etapas
  - Tipos

Para el proyecto final

- Conocerás los diferentes tipos de empresas.
- Aplicarás un proceso innovador en la empresa.
- Desarrollarás un proceso de internacionalización empresarial.

1 >> Empresa y empresario

El concepto de empresa y empresario están íntimamente relacionados.

1.1 > Concepto de empresa

La **empresa** es una organización dedicada a actividades industriales, mercantiles o de prestación de servicios con fines lucrativos.

La función común de todas las empresas es la realización de una actividad productiva o transformadora en la que a partir de unos recursos se obtienen unos productos o servicios.

No todas las empresas son iguales. Según el criterio utilizado para clasificarlas, podemos diferenciar los siguientes tipos de empresas:

Criterios	Tipos de empresas
Tamaño	Pequeñas (menos de 50 trabajadores), medianas (entre 51 y 250 trabajadores) y grandes (más de 250 trabajadores). Además se tienen en cuenta otros factores como las ventas, el patrimonio, etc.
Actividad	Sector primario (agrícolas, ganaderas y pesqueras), sector secundario (mineras, industriales y de construcción) y sector terciario (servicios).
Ámbito	Locales, regionales, nacionales, multinacionales.
Propiedad	Privadas, públicas y mixtas.
Forma jurídica	Empresario individual y sociedades.

Factores y recursos productivos

Para cumplir sus objetivos, las empresas deben contar con una serie de medios coordinados:

- Factores productivos: trabajo, maquinaria.
- Factores financieros: recursos económicos para invertir.
- Marketing: recursos para vender.
- Recursos humanos: personas.
- Elementos materiales: bienes económicos.
- Recursos inmateriales: conocimientos técnicos y económicos.

1.2 > Concepto de empresario

Las empresas son el resultado de la iniciativa de una o varias personas, denominadas empresarios.

El **empresario** es el titular propietario o directivo de una industria, negocio o empresa.

En las empresas individuales y en las pymes (pequeñas y medianas empresas) los empresarios asumen el papel de **emprendedores** (crean la empresa), **capitalistas** (aportan los medios necesarios para ponerla en marcha) y **administradores** (gestionan la empresa).

En las grandes empresas, estas funciones están en manos de diferentes personas. Los propietarios suelen ser un gran número de pequeños accionistas con poca capacidad de decisión y la gestión habitualmente se encomienda a especialistas técnicos.

Actividades

1·· Dos socios crean una empresa, con sus ahorros y un crédito que les han concedido. Uno se ocupa del área técnica y otro de la Administración. Identifica los papeles que asumen como pequeños empresarios.

1.3 > Tipos de empresas

A la hora de crear una empresa, la elección de su forma jurídica es fundamental para determinar aspectos tan importantes como el número de socios, la necesidad de un capital mínimo para la constitución de la empresa, los límites de responsabilidad del empresario y los impuestos a los que estará sujeta la actividad (Impuesto sobre la Renta de las Personas Físicas [IRPF] o Impuesto sobre Sociedades).

El emprendedor de responsabilidad limitada

Es un tipo especial de empresario individual, que responde de las deudas generadas en su actividad con su patrimonio personal, excepto con su vivienda habitual siempre que se cumplan ciertas condiciones.

Deberán inscribirse en el Registro Mercantil y hacer constar su condición en toda su documentación.

Empresario individual

El **empresario individual** o **autónomo** es una persona física que realiza de forma habitual, personal, directa, por cuenta propia y fuera del ámbito de dirección y organización de otra persona, una actividad económica o profesional a título lucrativo, dé o no ocupación a trabajadores por cuenta ajena.

La personalidad jurídica de la empresa es la misma que la de su titular (empresario), quien responde personalmente de todas las obligaciones que contraiga la empresa con todos sus bienes (actuales y futuros). Por ello es la **forma que presenta el máximo riesgo empresarial**, ya que el empresario asumirá las pérdidas con sus propios bienes.

El empresario individual debe **darse de alta en el Régimen Especial de Trabajadores Autónomos de la Seguridad Social** (de ahí el nombre de "autónomo") y abonar las correspondientes cotizaciones. También debe realizar una **declaración censal (modelo 036) en Hacienda**, comunicando la actividad a que se va a dedicar **y presentar las oportunas liquidaciones periódicas** de Impuesto sobre el Valor añadido (IVA) e IRPF.

Colectividades no societarias

Son empresas colectivas, formadas por varias personas físicas pero que no revisten ninguna de las formas societarias previstas en la legislación mercantil.

Hay dos tipos de colectividades de este tipo:

Colectividades	Características
Comunidades de bienes (CB)	Es un contrato por el que varias personas físicas crean un capital común, que pasará a ser propiedad de todos, con el que llevarán a cabo las actividades de su negocio. Para ejercer la actividad se requiere un número mínimo de dos socios y la existencia de un contrato privado en el que se detalle la naturaleza de las aportaciones y el porcentaje de participación que cada comunero tiene en las pérdidas y ganancias de la comunidad de bienes. La comunidad no tendrá personalidad jurídica propia y los socios responderán de sus deudas, personal e ilimitadamente, con sus patrimonios personales.
Sociedades civiles	Es un contrato por el que dos o más personas ponen en común capital, con propósito de repartir entre sí las ganancias. El número mínimo de socios será de dos y el capital está formado por las aportaciones de los socios, tanto en dinero como en bienes o industria. Las sociedades civiles sí tendrán personalidad jurídica excepto en el caso de que sus pactos se mantengan secretos entre los socios.

Sociedades

Las **sociedades** son asociaciones voluntarias de personas físicas o jurídicas que desarrollan una actividad económica mediante la aportación de un capital social y cuya responsabilidad, salvo excepciones, es asumida por la sociedad.

Estas sociedades deben constituirse en **escritura pública** que debe inscribirse en el **Registro Mercantil** (momento a partir del cual adquieren plena **personalidad jurídica**).

Antes de crear una empresa, hay que decidir el tipo societario que más se ajusta a las necesidades del emprendedor, en función de la responsabilidad que quiera asumir frente a terceros, el capital social, el número de socios, los requisitos de constitución y las obligaciones fiscales. Hay diversos tipos de sociedades mercantiles:

Tipos de sociedades	Características
Sociedad colectiva	Sociedad mercantil, en la que todos los socios se comprometen a participar, en la proporción que establezcan, de los mismos derechos y obligaciones. La responsabilidad de los socios por las obligaciones de la sociedad será personal, subsidiaria respecto a la empresa y solidaria entre ellos.
Sociedad comanditaria	Sociedad mercantil que se define por la existencia de socios colectivos que aportan capital y trabajo y responden subsidiaria, personal y solidariamente de las deudas sociales, y de socios comanditarios que solamente aportan capital y cuya responsabilidad estará limitada a su aportación. Si el capital está dividido en acciones, se denomina sociedad comanditaria por acciones.
Sociedad de responsabilidad limitada (SL)	Es una sociedad en la que el capital social (que no podrá ser inferior a 3.000 €) estará dividido en participaciones sociales, indivisibles y acumulables, y está integrado por las aportaciones de todos los socios, que no responden personalmente de las deudas sociales, sino solo hasta el límite de su aportación a la sociedad.
Sociedad limitada de formación sucesiva	Es un tipo especial de sociedad de responsabilidad limitada, que no requiere capital mínimo para su constitución y que debe observar ciertas obligaciones (límites a la retribución de socios y administradores o responsabilidad solidaria de los socios en caso de liquidación).
Sociedad limitada nueva empresa	Es un tipo especial de sociedad limitada. Sus socios deberán ser personas físicas y no podrán ser más de cinco en el momento de su constitución. El capital social no podrá ser inferior a 3.000 €, ni superior a 120.000 €. Pueden tramitarse telemáticamente y gozan de beneficios fiscales.
Sociedad anónima (SA)	Sociedad mercantil en la que el capital social (que no podrá ser inferior a 60.000 €) estará dividido en acciones y se integrará por las aportaciones de los socios, quienes no responderán personalmente de las deudas sociales.
Sociedades mercantiles especiales	Además de las anteriores sociedades, existen otros tipos que presentan especialidades en cuanto a su objeto social, a sus socios, etc., que han aconsejado un tratamiento legal específico. Las principales son: - Sociedades laborales (limitadas y anónimas). - Sociedades cooperativas. - Sociedades profesionales. - Sociedad de garantía recíproca. - Entidades de capital-riesgo. - Agrupaciones de interés económico.

En la siguiente tabla mostramos un análisis comparativo de los diferentes tipos de sociedades.

Tipos de empresa	Número mínimo de socios	Capital mínimo	Responsabilidad	Fiscalidad directa
Empresario individual (autónomo)	1	No existe mínimo legal	Ilimitada	IRPF
Emprendedor de responsabilidad limitada	1	No existe mínimo legal	Ilimitada con excepciones	IRPF
Comunidad de bienes	2	No existe mínimo legal	Ilimitada	IRPF
Sociedad civil	2	No existe mínimo legal	Ilimitada	IRPF
Sociedad colectiva	2	No existe mínimo legal	Ilimitada	Impuesto sobre Sociedades
Sociedad comanditaria simple	2	No existe mínimo legal	S. col.: ilimitada S. com.: limitada	Impuesto sobre Sociedades
Sociedad de responsabilidad limitada (SL)	1	3.000 €	Limitada al capital aportado	Impuesto sobre Sociedades
Sociedad limitada de formación sucesiva	1	No existe mínimo legal	Limitada al capital aportado	Impuesto sobre Sociedades
Sociedad limitada nueva empresa	Mínimo 1 Máximo 5	Mínimo 3.000 € Máximo 120.000 €	Limitada al capital aportado	Impuesto sobre Sociedades
Sociedad anónima (SA)	1	60.000 €	Limitada al capital aportado	Impuesto sobre Sociedades
Sociedad comanditaria por acciones	2	60.000 €	S. col.: ilimitada S. com.: limitada	Impuesto sobre Sociedades
Sociedad laboral	3	60.000 € (SAL) 3.005, € (SLL)	Limitada al capital aportado	Impuesto sobre Sociedades
Sociedad cooperativa	Cooperativas 1.er grado: 3 cooperativas 2.° grado: 2 cooperativas	Mínimo fijado en los estatutos	Limitada al capital aportado	Impuesto sobre Sociedades (régimen especial)
Sociedades profesionales	1	Mínimo según la forma que adopte	Limitada al capital aportado	Impuesto sobre Sociedades
Sociedad de garantía recíproca	150 socios partícipes	10.000.000 €	Limitada al capital aportado	Impuesto sobre Sociedades
Entidades de capital-riesgo	Al menos 3 miembros en el Consejo Administración	Sociedades de capital riesgo: 1.200.000 € Fondos de capital riesgo: 1.650.000 €	Limitada al capital aportado	Impuesto sobre Sociedades
Agrupación de interés económico	2	No existe mínimo legal	Ilimitada	Impuesto sobre Sociedades

Casos prácticos 1

Elección de la forma jurídica de la empresa

Al finalizar sus estudios de Técnico de Gestión Administrativa, dos amigas deciden crear su propio negocio, a través de una sociedad mercantil. Han elaborado un plan de empresa, pero no saben qué tipo de forma jurídica escoger.

Los datos de los que parten son los siguientes:

- Disponen de un capital inicial no superior a 3.000 €.
- Desean empezar su actividad cuanto antes, por lo que los trámites de constitución han de ser rápidos.
- Quieren limitar su responsabilidad.
- Desean tributar por el Impuesto sobre Sociedades.

a) ¿Qué tipos de sociedades reúnen todos los requisitos?
b) ¿Qué forma societaria es la más adecuada para su empresa?

Solución

a) Hay tres sociedades que cumplen todos los requisitos expuestos, que son: la sociedad de responsabilidad limitada, la sociedad limitada de formación sucesiva y la sociedad limitada nueva empresa.
Las tres sociedades expuestas pueden constituirse con el capital inicial que poseen y permiten a los socios limitar su responsabilidad al capital aportado a la sociedad. También en las tres sociedades se tributa a través del Impuesto sobre Sociedades. En lo relativo a los trámites de constitución, todas tienen trámites similares, excepto la sociedad nueva empresa, en la que son más simples y abreviados y pueden realizarse de manera telemática.
b) En consecuencia, la forma societaria más adecuada es la sociedad nueva empresa, ya que a tenor de los requisitos pretendidos, es la que ofrece un proceso de constitución más rápido y simple y, además, la Administración concede una serie de beneficios fiscales importantes a este tipo de empresas.

Actividades

2·· Con objeto de poder desarrollar su actividad, dos informáticos deciden poner dinero en común y, mediante un contrato privado, comprar un local para instalar allí su negocio. ¿A qué tipo de sociedad nos referimos?

3·· ¿Qué ventaja presenta la figura del emprendedor de responsabilidad limitada frente al empresario individual o autónomo tradicional?

2 >> Innovación e iniciativa emprendedora

La iniciativa emprendedora y la innovación son dos conceptos íntimamente ligados. La actitud emprendedora es considerada un comportamiento deseable para la riqueza de las naciones, ya que el avance productivo mejora el bienestar económico. Las nuevas empresas deben ser más eficientes que las existentes y las empresas que consiguen permanecer en el mercado se ven obligadas a innovar, lo que les lleva a mejoras en su competitividad.

2.1 > Conceptos

Desde el punto de vista de la empresa, la innovación es un concepto complejo que depende de múltiples factores, por eso, la Organización para la Cooperación y el Desarrollo Económico (OCDE) la define así:

La **innovación** consiste en la puesta en funcionamiento con éxito de un producto o proceso nuevo o significativamente mejorado o en la introducción de cambios organizativos o de marketing en el mercado o en la empresa.

La innovación implica cambios que suponen mejoras en la calidad de los productos, originan una mayor diferenciación de los productos o, directamente, dan lugar a productos que se adapten mejor a las necesidades del mercado,

Por ello se puede hablar de diversos tipos de innovación:

Tipos de innovación	Características
Innovación del producto	Consiste en la creación o modificación de un bien o servicio.
Innovación de los procesos de la empresa	Implica cambios en la función de producción en aspectos como el equipamiento, los recursos humanos o los métodos de trabajo.
Innovación de la organización de la empresa	Los cambios organizativos son aplicables a los procedimientos de la empresa, a la organización del lugar de trabajo o a las relaciones externas.
Innovación del marketing	Supone modificaciones referentes al diseño o empaquetado del producto, la estrategia de precios, cambios en la forma de promoción o en los canales de venta.

La **iniciativa emprendedora** es un proceso social y dinámico en el que los individuos (denominados emprendedores) identifican oportunidades para innovar y actúan transformando las ideas en actividades prácticas dentro de un contexto social, cultural o económico.

Características personales del emprendedor
Voluntad clara de aprender. Abierto a nuevas ideas y creer en la validez de estas. Confianza en sí mismo y vocación por emprender. Visión de negocio a largo plazo. Capacidad para mantener la motivación del personal.

2.2 > El proceso innovador en la actividad empresarial

El proceso innovador tiene su origen en la creatividad y en la capacidad de generar y transformar ideas novedosas y útiles. El pensamiento creativo es una herramienta imprescindible para el cambio, la innovación y la mejora.

Origen de las ideas innovadoras	
Consumidores o clientes	A partir de la información obtenida de las sugerencias, comentarios, quejas o reclamaciones recibidas en el departamento de atención al cliente.
Estudios de mercado	Estudios realizados por las empresas en relación con productos, ideas generadas o necesidades detectadas.
Competencia	Mediante el estudio y análisis de los competidores.
Empleados	Cualquier trabajador de la empresa puede aportar ideas innovadoras, bien individualmente, bien mediante la utilización de técnicas como las dinámicas de grupo.
Proveedores	Pueden aportar ideas o indicaciones para mejorar.
Investigación, desarrollo e innovación tecnológica (I+D+i)	La expresión I+D+i se refiere a las estrategias, políticas o planes de investigación, desarrollo e innovación. Puede llevarse a cabo a través de un departamento propio especializado o contratar estas actividades con otra empresa o institución.
Experiencia	Conocimientos prácticos, adquiridos a lo largo del tiempo, a partir del comportamiento de la propia empresa y de otras del mismo sector.

Tipos de innovación

Las diferentes expectativas de las empresas pueden dar lugar a distintas necesidades de innovación. El tipo de innovación por el que se opte supondrá importantes consecuencias en el desarrollo futuro de la empresa. Dependiendo de la actividad de la empresa y del alcance del cambio que se pretenda llevar a cabo, podemos distinguir los siguientes tipos de innovación:

Tipos de innovación	Características	Ventajas e inconvenientes
Innovación nueva o radical	Se refiere a la introducción por parte de la empresa de un nuevo producto o servicio o a alguna modificación radical en estos que les otorgue una nueva utilidad. También se incluirían los nuevos procesos productivos o la modificación de los existentes.	Permite lograr y mantener una posición de liderazgo, aunque ocasiona grandes costes e incertidumbre sobre su éxito.
Innovación mediante imitación	Se refiere a cambios sobre productos, servicios o procesos ya existentes, que aporten mejoras a estos.	Permite mejorar la posición de la empresa sin incurrir en excesivos riesgos y costes.

Actividades

4·· Una pequeña empresa, dedicada a la instalación de alarmas y sistemas de seguridad para viviendas, ha desarrollado un dispositivo que permite su control y manejo por parte de los clientes, desde sus propios teléfonos móviles. En la actualidad, ninguna otra empresa del sector ofrece ese servicio, por lo que, si la idea tiene éxito, la empresa podría lograr una posición de liderazgo. ¿De qué tipo de innovación se trataría? ¿Qué ventajas e inconvenientes ofrece para la empresa?

Protección de la innovación empresarial

La actividad innovadora requiere que se protejan adecuadamente los derechos del emprendedor sobre los productos o servicios obtenidos con sus actividades de I+D+i; para ello, entre otros, existen los siguientes mecanismos.

Mecanismos de protección de la innovación	
Patentes	Protegen, durante un periodo determinado y en régimen de exclusividad, los derechos del innovador sobre su creación.
Secretos industriales	Son obligaciones jurídicas impuestas a las personas involucradas en la actividad empresarial de no revelar a terceros informaciones reservadas relacionadas con dicha actividad.
Copyrights, registros de diseño y marcas comerciales	Se emplean si el producto nuevo es intangible o la idea se refiere a su diseño. Los símbolos de protección más utilizados son los siguientes: - ©: símbolo de *copyright*. - ®: símbolo que representa que una marca ha sido registrada. - ™ (del inglés *trademark*): indica que un determinado signo es utilizado por el titular de una marca.

Consecuencias de la actividad innovadora

La innovación favorece la productividad y la competitividad de las empresas permitiendo una disminución de los precios de los bienes y servicios ofrecidos por estas, convirtiéndose en un elemento clave para el crecimiento económico de un país.

Este crecimiento económico genera un incremento de la renta nacional que permite aumentar la inversión y la creación de riqueza, así como la competitividad de las empresas y su esfuerzo innovador.

Igualmente, cuando las empresas utilizan la innovación para mejorar o producir nuevos bienes y servicios, mejora la satisfacción de los consumidores y aumenta el bienestar general.

Los resultados empresariales de las empresas innovadoras demuestran que existe mayor flexibilidad de producción, menores costes por unidad producida, ahorro de materiales y energía o menor impacto ambiental.

La innovación produce también un efecto positivo sobre el empleo, ya que la reducción de los costes de las empresas provoca una disminución del precio de los bienes y servicios, que, a su vez, da lugar a un incremento en la demanda de estos que favorece la creación de empleo (hay que producir más bienes y servicios), que debe ir unida a la formación profesional y continua de los trabajadores para adecuarse a los nuevos cambios introducidos.

Actividades

5·· Imagina que has creado tu empresa y que has invertido mucho tiempo y recursos en la creación de un producto innovador. ¿Qué ocurriría si no existieran mecanismos para protegerlo?

6·· ¿Por qué se puede afirmar que la innovación produce un efecto positivo sobre el empleo?

2.3 > El riesgo en la innovación

La empresa que quiera aprovecharse de los beneficios que ofrece la innovación deberá esforzarse en conocer los riesgos que cada proyecto comporta, desarrollando acciones que los reduzcan.

Riesgos en la innovación	
Del sector	Cambios normativos o aparición de nuevos mercados.
Operativos	Relacionados con la habilidad del emprendedor para convertir la estrategia elegida en planes concretos, mediante la asignación eficaz de recursos.
Tecnológicos	Falta de consecución del objetivo propuesto con la nueva tecnología o aparición de nuevas tecnologías sustitutivas no previstas.
Competitivos	Aparición de nuevos competidores o competencia especializada.
De aprovisionamiento	Riesgos generados por las decisiones de los proveedores respecto a los cambios en el precio de las materias primas, a la disponibilidad de estas o a la calidad de los servicios prestados.
De mercado	Falta de aceptación por el mercado de la innovación, falta de fidelidad o disminución de la demanda.
Financieros	La gestión financiera de las empresas innovadoras requiere un control exhaustivo de factores como la disponibilidad de crédito o los movimientos de los tipos de interés.

2.4 > Tecnología e innovación

Las iniciativas empresariales basadas en la investigación y el desarrollo tecnológico han dado lugar a la aparición de determinados tipos de empresas con características especiales.

Empresas tecnológicas	
Empresas de base tecnológica (EBT)	Son organizaciones cuya actividad se basa principalmente en el desarrollo de un conjunto de conocimientos y actividades adquiridas a través de la experiencia y de la investigación. Tienen una inversión en I+D+i superior a la media, operan en sectores innovadores o de alta tecnología (biotecnología, nanotecnología, actividades medioambientales, etc.), cuentan con personal técnico y científico muy cualificado y están orientadas hacia la internacionalización de sus actividades.
Spin-off	Es un tipo de empresa de nueva creación, con una estructura jurídica propia, pero surgida en el ámbito de otra organización o entidad mayor como extensión de una parte de sus actividades; por ejemplo, una empresa que surge en el ámbito de una universidad o de un centro tecnológico (empresas como YAHOO, GOOGLE o SUN MICROSYSTEMS son *spin-offs* de la Universidad estadounidense de Stanford).
Clúster	Son agrupaciones de empresas, instituciones y entidades de I+D+i, que comparten experiencias, desarrollan proyectos de colaboración y actúan de manera coordinada para conseguir el marco competitivo más favorable para el desarrollo de sus actividades.

Actividades

7·· ¿Conoces alguna empresa tecnológica a escala nacional o que opere en la comunidad autónoma donde resides? Localiza alguna y analiza a qué se dedica y cómo utiliza la innovación en su actividad.

2.5 > Ayudas a la innovación

A escala nacional, diferentes ministerios son los encargados de desarrollar las políticas públicas relativas a la investigación e innovación y de ofrecer ayudas y herramientas a las empresas innovadoras a través de diversos organismos e instituciones.

Igualmente, tanto **las comunidades autónomas** como la **Unión Europea** cuentan con diferentes organismos dedicados al fomento y desarrollo de la innovación.

Desde el **sector privado**, existen también numerosas iniciativas que tienen como objetivo proporcionar financiación y ayudas a las empresas innovadoras mediante la concesión de becas y premios. De estas iniciativas destacan, por su importancia y trascendencia, las **entidades de capital riesgo**.

Viveros de empresas

También llamados incubadoras de empresas, son espacios físicos acondicionados para albergar actividades empresariales o industriales en etapa de diseño, prototipos e inicio formal de producción o servicios.

Además, aportan asistencia investigadora y técnica y ayuda administrativa y financiera.

Ejemplos

1

Organismos públicos encargados de desarrollar las políticas públicas relativas a la innovación

En función del proyecto innovador que una empresa quiera desarrollar, existen diferentes organismos públicos a los que acudir:

Si se trata de una empresa ya creada, que desea iniciar un proyecto de I+D+i y necesita financiación para este, debe solicitarla al **Centro para el Desarrollo Tecnológico Industrial (CDTI),** que canaliza las solicitudes de financiación y apoyo a proyectos de este tipo en los ámbitos estatal e internacional.	CDTI
En el caso de los emprendedores que deciden crear una empresa innovadora, pueden solicitar financiación y asesoramiento para llevarlos a cabo a la **Empresa Nacional de Innovación (ENISA).**	ENISA
Las **Agrupaciones Empresariales Innovadoras (AEI)** también se pueden beneficiar de las ayudas que ofrece el programa de apoyo a estas a través de la creación y desarrollo de clústeres innovadores.	[AEI] mityc agrupaciones empresariales innovadoras

Actividades

8·· Identifica el tipo de riesgo a la hora de llevar a cabo una innovación empresarial en los siguientes casos:

a) Aprobación de una nueva normativa a escala europea relativa a los productos que vendemos.
b) Aparición en el mercado nacional de una empresa multinacional, que se dedica a nuestro mismo producto.
c) Inestabilidad financiera a escala mundial y restricción del crédito por parte de las entidades financieras.
d) Fuerte subida de precio de las materias primas que utilizamos para fabricar nuestro producto y compramos a otras empresas.

9·· Imagina que vas a crear tu propia empresa tecnológica. ¿Cuál de los modelos de empresas de ese tipo elegirías? ¿Por qué?

10·· Averigua cuáles son los organismos encargados de desarrollar en tu comunidad autónoma las políticas públicas relativas a investigación e innovación empresarial.

3 >> La internacionalización de las empresas

> **Ayudas a la internacionalización**
>
> Si bien son los dueños de la empresa los que han de tomar la decisión de operar en otros mercados, tanto las Administraciones Públicas como las asociaciones empresariales, cámaras de comercio o asociaciones de exportadores pueden establecer de programas de ayuda y fomento de la internacionalización para fomentar este proceso.

En la actualidad es frecuente escuchar los términos internacionalización o globalización a la hora de referirse al proceso de expansión internacional de las actividades de las empresas.

La **internacionalización** o globalización es la tendencia de los mercados y de las empresas a extenderse, alcanzando una dimensión mundial que sobrepasa las fronteras nacionales.

La decisión de internacionalizar la empresa responde al deseo de crecer y es una de las decisiones más importantes que puede tomar el empresario.

Para cualquier empresa, instalarse en otro país es más complicado que hacerlo en el propio por factores como el idioma, las normas legales o la cultura, por lo que conseguir una posición sólida en el extranjero habitualmente es un proceso largo.

Motivos para la internacionalización
Que una tenga stocks por haber producido más de lo que ha vendido y busque comercializarlos en otros mercados.
Que una empresa fabrique productos que no existan en otros mercados.
Que el mercado interno se haya quedado pequeño para una empresa.
Que una empresa desee obtener prestigio a escala internacional.
Que se busque la obtención de incentivos fiscales.
Que se quiera mejorar la capacidad competitiva de la empresa.

Causas que contribuyen a la expansión internacional	
El desarrollo y mejora de las redes de transporte	Reducen los tiempos y los costes de las empresas y hacen posible el tráfico fluido y rápido de los productos.
Evolución de los competidores	Da lugar a la búsqueda de nuevos lugares donde vender.
Influencia de los medios de comunicación y la publicidad	La utilización generalizada a escala mundial de medios como Internet o la televisión vía satélite tiene como consecuencia la demanda de los mismos productos en distintos lugares del planeta (música, ropa, etc.).
Ventajas competitivas de algunos países	Algunos estados cuentan con regulaciones laborales y fiscales que permiten reducir los costes de las empresas allí instaladas.
Evolución tecnológica	Las empresas de alta tecnología necesitan estar presentes en diferentes mercados para recuperar las inversiones en investigación y desarrollo.

Actividades

11·· Actualmente una empresa comercializa uno de sus productos a escala nacional y ocupa una posición de liderazgo en su sector. Se está planteando la posibilidad de crecer. ¿Dada su situación es posible dar un paso más e internacionalizar la empresa? ¿Por qué?

12·· ¿Qué ventajas ofrece la internacionalización empresarial? Localiza alguna empresa nacional que haya decidido internacionalizarse y averigua cómo lo ha hecho.

3.1 > Dificultades de la internacionalización

El proceso de internacionalización de las empresas presenta diversas dificultades, como son la elección de los mercados o la existencia de obstáculos a la expansión internacional.

Elección de los mercados

Una de las principales dificultades que tienen que afrontar los empresarios a la hora de internacionalizar su empresa es la elección de los países y mercados en los que deben entrar, para lo cual es imprescindible llevar a cabo una importante labor de investigación comercial y de mercados a escala internacional.

Para comenzar su expansión internacional, las empresas suelen elegir los siguientes países:

- **Países culturalmente cercanos**, donde no existan diferencias de idioma o las prácticas comerciales sean similares.
- **Países cercanos o limítrofes**, ya que los costes del transporte son menores y los problemas logísticos más fácilmente solucionables.
- **Países en los que los clientes potenciales sean lo más parecidos posible a los clientes de la empresa en el mercado local**, de forma que se puedan minimizar al máximo los riesgos derivados de su desconocimiento.

Ejemplos 2

Expansión internacional de una empresa española

Si una empresa nacional decide expandirse a escala internacional, sobre el papel, los mercados donde inicialmente sería más lógico comenzar dicho proceso serían los de los países o áreas geográficas más próximas tanto geográficamente como culturalmente. En este caso serían países europeos, preferentemente pertenecientes a la Unión Europea y que tuvieran como moneda el euro, ya que las prácticas comerciales son muy similares e incluso la normativa es la misma en todos esos estados. También, otra buena opción serían los países latinoamericanos, ya que no existirían obstáculos como el idioma.

Obstáculos

Las empresas que se embarcan en procesos de internacionalización tienen que enfrentarse a numerosos obstáculos de diferente índole:

Obstáculos a la internacionalización	
Políticos	Imposiciones de gobiernos que establecen políticas proteccionistas de sus mercados y empresas; por ejemplo, prohibiendo la inversión extranjera.
Logísticos y de transporte	Viajes costosos, lejanía de los mercados, complicaciones por el idioma, monedas distintas a las de origen, diversidad cultural.
Legales	Controles sanitarios, normas de seguridad, especificaciones técnicas, barreras aduaneras y arancelarias.
Financieros	Falta de créditos de fomento a la exportación, dificultad para tratar con entidades financieras locales.
Comerciales	Falta de contactos externos y desconocimiento del mercado, del cliente y sus necesidades y de la distribución.

3.2 > Etapas de la internacionalización

La internacionalización empresarial es un proceso largo que atraviesa distintas etapas:

Exportación ocasional: como si se tratara de una venta interna, fijándose un precio al importador pero sin intención de entrar en dicho mercado.

↓

Exportación experimental: se exploran mercados utilizando intermediarios locales, intentando exportar sin depender de los pedidos ocasionales y evaluando los resultados.

↓

Exportación regular: la empresa reserva parte de su producción para el mercado externo. Cuenta con un grupo estable de clientes y puede crear un departamento de exportación.

↓

Establecimiento de filiales de producción: es el comienzo de la empresa multinacional. La empresa debe invertir importantes recursos y asumir mayores niveles de riesgo. Existe un mercado potencial de clientes que permiten recuperar la inversión.

↓

Establecimiento de filiales de venta: en esta etapa se ha consolidado un mercado de exportación y se decide poner en marcha una filial, lo que implica una fuerte inversión en recursos humanos y materiales (oficina, almacén).

Casos prácticos **2**

Ayudas a la internacionalización

Una empresa ha tomado la decisión de comenzar a exportar nuestros productos, pero necesita información y ayuda para hacerlo. ¿Dónde podrá acudir para que la informen y asesoren?

Solución

Existen muchas entidades tanto en el ámbito público como en el privado, a escala nacional y autonómica que pueden ayudarla. Entre todas ellas, destaca, ICEX España Exportación e Inversiones, una entidad pública empresarial de ámbito nacional que tiene como misión promover la internacionalización de las empresas españolas y contribuir a su competitividad. Realiza tareas de iniciación e impulso de las exportaciones, implantación exterior, financiación, asesoramiento, formación, búsqueda de socios y financiación exterior.

Dispone, además, de varios centros de negocio en el extranjero, que ofrecen a las empresas españolas infraestructura temporal a modo de incubadoras de la internacionalización.

3.3 > Tipos de internacionalización

La expansión internacional de las empresas puede llevarse a cabo de diversas formas: produciendo los bienes en el país de origen y exportándolos luego o produciendo directamente en el país de destino. También es posible establecer acuerdos de colaboración o explotación con empresas locales.

La empresa puede llevar a cabo al mismo tiempo diferentes estrategias de internacionalización, dependiendo del país de destino. El empresario elegirá la mejor opción valorando factores como los recursos con que cuenta la empresa, el control de las operaciones, los beneficios previstos o el nivel de riesgo que asume.

Exportación

La empresa produce los bienes destinados al mercado internacional del mismo modo y en los mismos lugares que los destinados al mercado interno y, posteriormente, los exporta a los países de destino.

Esta exportación se puede llevar a cabo de dos formas:

Organización de la exportación	
A través de intermediarios en el país de destino	Supone tener en el país de destino unas personas o empresas con autonomía propia que se dedican a gestionar todo lo referente a la exportación e importación de las mercancías de la empresa. Este sistema presenta la ventaja de que supone una inversión y unos riesgos menores, mientras que su principal inconveniente es que el éxito depende de la actividad de los intermediarios que son quienes conocen el mercado local y establecen los contactos, y eso supone perder el control del proceso de exportación.
Creando un departamento de exportación	Las empresas crean un departamento específico, cuya misión es controlar el proceso de exportación y marketing, tanto desde el país de origen como desde el de destino. Esta modalidad presenta la ventaja de un control mucho mayor sobre el proceso, pero con el inconveniente de que requiere una mayor inversión en recursos humanos y económicos.

Producción en el país de destino

La empresa produce los bienes directamente en el país de destino, buscando rentabilizar la comercialización aprovechando que en esos países los costes de producción suelen ser inferiores.

Se puede llevar a cabo de dos formas distintas:

Organización de la producción en los países de destino	
Instalación de una delegación o planta de producción en el país de destino	En este supuesto, la empresa tiene el control total sobre la producción y los recursos humanos y materiales necesarios para ella.
Estableciendo acuerdos de colaboración con empresas locales	La empresa llega a acuerdos con empresas locales, dedicadas a producir bienes similares, para que sean ellas las que produzcan los bienes en el país de destino. Normalmente eso se lleva a cabo subcontratando con esas empresas o adquiriendo participaciones en su capital.

Franquicias internacionales

La **franquicia** es la concesión de derechos de explotación de un producto, actividad o nombre comercial, otorgada por una empresa a una o varias personas en una zona determinada.

En la actualidad, muchas empresas nacionales eligen está opción para expandirse internacionalmente. Al ser negocios muy consolidados, las empresas nacionales cuentan en el extranjero con el respaldo de sus imágenes de marca, por lo que muchas ya son marcas conocidas en otros países incluso antes de implantarse en ellos.

En el ámbito internacional, las empresas franquiciadoras suelen contar con un empresario en cada país de destino que se encarga de llevar la gestión (franquiciado). También pueden gestionarlo ellas directamente, pero es lo menos aconsejable, por la falta de conocimiento de los mercados específicos de cada país.

Por parte de los franquiciados, el hecho de invertir en negocios cuyo modelo ha sido probado y desarrollado con éxito por la empresa franquiciadora es una apuesta segura.

Joint venture

Es la expresión abreviada de *"international joint business venture"*, que significa "negocio internacional con riesgo compartido". Se trata de una forma de asociación entre empresas de diferentes países con la finalidad de colaborar (tanto técnicamente como en el aspecto comercial y financiero) en un negocio, bien mediante la constitución de una sociedad mixta o, simplemente, a través de la firma de un contrato.

Las *joint venture* se pueden materializar de diversas formas:

- Una empresa nacional llega a un acuerdo de colaboración con una del país de destino para que esta produzca, distribuya o comercialice los productos de la primera.
- Dos o más empresas (de los mismos o distintos países) constituyen una empresa mixta para entrar en un nuevo mercado. La forma jurídica más habitual son las SA y SL, pero caben otras, como las comunidades de bienes, las uniones temporales de empresas (UTE), etc.
- Puede darse también el caso de acuerdos recíprocos (por ejemplo, una empresa japonesa comercializa en Japón los artículos de una empresa española, a cambio de que la española venda aquí los productos de la empresa japonesa).

Actividades

13·· Tienes una empresa, ya consolidada en el mercado nacional, que se dedica a la fabricación de calzado y estás pensando expandirla al mercado chino. Indica las ventajas y los obstáculos de dicho mercado.

14·· Analiza la siguiente frase e indica si es verdadera o falsa y por qué: "La exportación a través de intermediarios locales supone una inversión y unos riesgos mayores que la creación de un departamento de exportación propio, pero presenta la ventaja de un mayor control sobre el proceso".

Actividades finales

1·· ¿Puede un empresario individual crear una sociedad para llevar a cabo su actividad? ¿Por qué?

2·· ¿Por qué razón se puede afirmar que el empresario individual es la forma jurídica que presenta el mayor riesgo empresarial?

3·· Indica cuáles de los siguientes pueden considerarse empresarios individuales o autónomos:

a) Propietario de una papelería.
b) Funcionario.
c) Abogado.
d) Médico de la Seguridad Social.

4·· Cinco socios deciden constituir una sociedad en la que tres de ellos aportarán capital y trabajo y los otros dos solamente capital. ¿Existe algún tipo de sociedad con estas características? ¿Cómo es la responsabilidad de cada uno de los socios?

5·· Clasifica las siguientes empresas en función de los criterios de tamaño, actividad, ámbito, propiedad y forma jurídica:

a) Empresa de cuatro trabajadores, dedicada a la agricultura, que vende todos sus productos en la provincia donde tiene su sede.
b) Empresario, dueño de una gestoría, que presta servicio a empresas locales.
c) Empresa municipal de transportes de Gijón.
d) Empresa dedicada a la fabricación de automóviles, que vende sus productos en todos los continentes.

6·· Indica de qué tipo de innovación estamos hablando en cada uno de los siguientes casos:

a) Empresa dedicada a la comercialización de alimentos congelados, que lanza un nuevo formato de envasado que conserva en mejores condiciones el producto.
b) Fabricante de mobiliario de oficina que incorpora una nueva máquina para cortar las piezas de manera más eficiente, ahorrando costes en energía eléctrica.
c) Cadena dedicada a la restauración, que centraliza la compra y el envío de los productos a cada uno de sus restaurantes, así como los procesos de elaboración y presentación de su carta de platos.
d) Operador de Internet y telecomunicaciones que ofrece el servicio de conexión a Internet más llamadas a mayor velocidad que la que venía ofreciendo hasta el momento.

7·· Imagina que tienes tu propia empresa y deseas desarrollar un proyecto innovador, ¿cómo podrías conseguir ideas innovadoras que te permitieran hacerlo?

8·· Analiza cómo afectan a la internacionalización empresarial los medios de comunicación de masas y la publicidad y busca un ejemplo que lo ilustre.

9·· Una empresa tiene dudas sobre el mercado internacional más ventajoso para expandirse. Por un lado, están los países limítrofes, aunque no dominan su idioma y no tienen contactos, y, por otro, los países más alejados, pero donde existen importantes ayudas a la exportación y acuerdos de colaboración con las entidades financieras locales. Indica las ventajas e inconvenientes en cada caso.

10·· Llevamos ya varios años exportando nuestro producto y hemos consolidado un mercado de exportación, pero queremos continuar avanzando en el proceso de expansión internacional. ¿En qué etapa de la internacionalización nos encontramos? ¿Cuál sería el siguiente paso?

11·· Si fueras el responsable de una pyme, analiza las diferentes formas de exportar e indica las ventajas e inconvenientes que ofrece cada una de ellas para tu empresa.

Casos finales

Innovación y expansión internacional

Una empresa dedicada a la fabricación de vehículos y maquinaria agrícola lleva 30 años en el mercado y se ha convertido en una de las empresas líderes de este ámbito.

Sus diseños innovadores y la fiabilidad de sus modelos a lo largo del tiempo han generado un importante aumento de las ventas y les ha consolidado en el mercado. Han abierto nuevas tiendas y nuevas líneas de negocio, innovando en un sector que ha incorporado las nuevas tecnologías a su gestión y organización y se ha adaptado a las demandas de sus clientes.

En la actualidad cuenta con una oficina técnica, una división industrial, una tienda virtual (en la que ofrecen un catálogo de más de 2.000 productos) y una división de proyectos, que proporciona asesoramiento técnico, además de un multicentro de 20.000 m^2.

Su actividad exportadora surgió con la formación del departamento de exportación. Hasta ese momento las ventas que había llevado a cabo habían sido esporádicas, pero, a partir de entonces, se fijaron como objetivo extender las ventas de sus productos por todo el mundo.

Ese objetivo se ha ido haciendo realidad con el paso del tiempo y, de hecho, alguno de sus productos pueden encontrarse en muchos países del mundo.

El proceso de internacionalización del grupo se ha llevado a cabo de varias formas:

- En Europa, inició sus actividades con una planta de producción.
- En China, ha iniciado sus actividades empresariales a través de una *joint venture*.
- Finalmente, también comercializa sus productos en otros muchos países, tratados como mercados de exportación.

A partir de los datos expuestos, responde las siguientes preguntas:

a) Partiendo de la definición de innovación empresarial que hace la OCDE, ¿de qué tipos de innovación se puede hablar?

b) ¿A qué tipo de riesgos se ha tenido que enfrentar a lo largo de los años esta empresa?

c) Desde el punto de vista del desarrollo económico, ¿se puede considerar la actividad de la empresa como innovadora?

d) ¿Cuál ha sido su proceso de internacionalización?

e) ¿Qué tipo de mercados ha elegido para expandirse?

f) ¿Por qué tipo de expansión se ha decantado la empresa?

Autoevaluación

1. Las asociaciones voluntarias de personas físicas o jurídicas que desarrollan una actividad económica mediante la aportación de un capital social, y que adquieren personalidad jurídica cuando se inscriben en el registro mercantil, se denominan:

a) Comunidades de bienes.
b) Sociedades.
c) Autónomos.
d) Ninguna es correcta.

2. La innovación empresarial que implica cambios en la función de producción, en aspectos como el equipamiento o los recursos humanos, es:

a) Innovación del producto.
b) Innovación de la organización de la empresa.
c) Innovación del marketing.
d) Innovación de los procesos de la empresa.

3. La sociedad mercantil en la que el capital social (que no podrá ser inferior a 60.000 €) estará dividido en acciones y se integrará por las aportaciones de los socios, quienes no responderán personalmente de las deudas sociales, se denomina:

a) Sociedad comanditaria.
b) Sociedad cooperativa.
c) Sociedad anónima.
d) Sociedad civil.

4. El mecanismo que protege durante un periodo determinado y en régimen de exclusividad los derechos del innovador sobre su creación se llama:

a) Secreto industrial.
b) *Copyright*.
c) Patente.
d) Marca comercial.

5. ¿Cómo se denominan los riesgos derivados de cambios normativos o aparición de nuevos mercados?

a) Tecnológicos.
b) De aprovisionamiento.
c) De mercado.
d) Del sector.

6. Las organizaciones que producen bienes y servicios con un alto valor añadido y cuya actividad se basa principalmente en el desarrollo de un conjunto de conocimientos y actividades adquiridas a través de la experiencia y de la investigación son:

a) *Spin-off*.
b) Clústeres.
c) EBT.
d) Todas son correctas.

7. Los obstáculos a la internacionalización empresarial referidos a controles sanitarios, normas de seguridad, especificaciones técnicas y barreras aduaneras y arancelarias son de tipo:

a) Político.
b) Legal.
c) Financiero.
d) Comercial.

8. La etapa de la internacionalización en la que se empiezan a explorar mercados utilizando intermediarios locales, intentando exportar sin depender de los pedidos ocasionales y evaluando los resultados, se denomina:

a) Exportación regular.
b) Exportación ocasional.
c) Exportación experimental.
d) Establecimiento de filiales de venta.

9. Es una sociedad personalista:

a) Sociedad de responsabilidad limitada.
b) Sociedad limitada nueva empresa.
c) Sociedad limitada de formación sucesiva.
d) Sociedad colectiva.

10. Son formas de establecer acuerdos de colaboración con empresas locales:

a) La subcontratación.
b) La franquicia.
c) *Joint venture*.
d) Todas son correctas

Unidad 2

El sistema tributario. El IAE y el IVA

Preguntas iniciales

1·· Cuando hablamos de tributos, ¿a qué nos referimos?

2·· ¿En qué se diferencian un impuesto y una tasa?

3·· ¿Has visto alguna vez cómo se formalizan y presentan los impuestos ante la Administración?

4·· ¿Sabes qué grava el IAE?, ¿y el IVA?

5·· Cuando hablamos de actividades económicas, ¿a qué nos referimos?

6·· ¿Conoces los tipos del IVA?

En esta unidad aprenderás a...

- Analizar el sistema tributario español.
- Clasificar los diferentes tipos de tributos.
- Reconocer las obligaciones fiscales de la empresa.
- Distinguir las empresas sujetas al pago del IAE.
- Identificar las características generales del IVA y sus principales regímenes.

- **EL SISTEMA TRIBUTARIO. EL IAE Y EL IVA**
  - **Los tributos y su finalidad socioeconómica**
    - Tipos de tributos
    - Infracciones y sanciones tributarias
  - **Las obligaciones fiscales de la empresa**
    - La declaración censal
    - El IAE
      - Elementos
      - Cálculo de la cuota tributaria
      - Gestión tributaria y modelos
    - El IVA
      - Elementos
      - Cálculo de la base imponible
      - Tipos de gravamen
      - Liquidación
      - Modelos y plazos de la declaración-liquidación
      - Regímenes especiales

Para el proyecto final

- Conocerás las obligaciones fiscales de la empresa.
- Diferenciarás los diferentes regímenes de liquidación del IVA.
- Realizarás liquidaciones del IVA, dentro del plazo legal y distinguiendo los modelos establecidos para ello.
- Reconocerás las conductas que constituyen infracciones tributarias.

1 >> El sistema tributario

La Ley 58/2003, General Tributaria establece los principios y las normas jurídicas generales del sistema tributario español y es de aplicación a todas las Administraciones Tributarias.

1.1 > Concepto de tributo

La ley define a los **tributos** como:

> Los ingresos públicos que consisten en prestaciones pecuniarias exigidas por una Administración Pública como consecuencia de la realización del supuesto de hecho al que la ley vincula el deber de contribuir, con el fin primordial de obtener los ingresos necesarios para el sostenimiento de los gastos públicos.

De dicha definición se extrae la finalidad socioeconómica de los tributos, que, además de ser medios para obtener los recursos necesarios para el sostenimiento de los gastos públicos, pueden servir como instrumentos de la política económica general y atender a la realización de los principios y fines contenidos en la Constitución.

Entre la Administración y los ciudadanos se establece una relación jurídico-tributaria, constituida por el conjunto de obligaciones y deberes, derechos y potestades originados por la aplicación de los tributos.

De la relación jurídico-tributaria pueden derivarse obligaciones materiales y formales para el obligado tributario y para la Administración, así como la imposición de sanciones tributarias en caso de su incumplimiento.

Principios del sistema tributario español

Nuestro sistema tributario está basado en los siguientes principios:

- Justicia.
- Generalidad.
- Igualdad.
- Progresividad.
- Distribución equitativa de la carga tributaria.
- No confiscatoriedad.

1.2 > Normas tributarias

El artículo 31 de la Constitución Española de 1978 determina que la ordenación del sistema tributario se basa en la **capacidad económica** de las personas obligadas a satisfacer los tributos.

La **potestad originaria para establecer tributos corresponde exclusivamente al Estado, mediante ley.**

Las **comunidades autónomas** y las **entidades locales podrán establecer y exigir tributos, de acuerdo con la Constitución y las leyes.**

Las normas tributarias no tienen efecto retroactivo y, como el resto de las normas jurídicas, entrarán en vigor a los 20 días naturales de su completa publicación en el Boletín Oficial que corresponda, si en ellas no se dispone otra cosa, y se aplicarán por plazo indefinido, salvo que se fije un plazo determinado.

Los tributos se aplicarán conforme a los criterios de residencia o territorialidad que establezca la ley en cada caso.

Las normas tributarias se interpretarán con arreglo a lo dispuesto en el Código Civil y serán de obligado cumplimiento para todos los órganos de la Administración Tributaria.

Fuentes del ordenamiento jurídico tributario

- Constitución.
- Tratados internacionales.
- Normas que dicten la Unión Europea y otros organismos internacionales o supranacionales a los que se atribuya el ejercicio de competencias en materia tributaria.
- Leyes.
- Disposiciones reglamentarias dictadas en desarrollo de las normas anteriores.

1.3 > Elementos del tributo

Según la Ley General Tributaria, todos los tributos tienen unos elementos constitutivos comunes, que son los siguientes:

Elementos básicos de un tributo		
Hecho imponible	Presupuesto fijado por ley para configurar cada tributo y cuya realización origina el nacimiento de la obligación tributaria principal.	
Sujeto pasivo	Es quien debe cumplir la obligación tributaria principal, así como las obligaciones formales inherentes a esta. Hay dos tipos de sujetos pasivos.	**Contribuyente:** es el sujeto pasivo que realiza el hecho imponible. **Sustituto del contribuyente:** es el sujeto pasivo que, por imposición de la ley y en lugar del contribuyente, está obligado a cumplir la obligación tributaria. Por ejemplo, la empresa que retiene al trabajador el IRPF en la nómina y lo paga en su nombre.
Devengo	Es el momento en el que se entiende realizado el hecho imponible y en el que se produce el nacimiento de la obligación tributaria principal. La fecha del devengo determina las circunstancias relevantes para la configuración de la obligación tributaria, salvo que la ley de cada tributo disponga otra cosa.	
Base imponible	Es la magnitud dineraria o de otra naturaleza que resulta de la medición o valoración del hecho imponible.	
Base liquidable	Es la magnitud resultante de practicar, en su caso, en la base imponible, las reducciones establecidas en la ley.	
Tipo de gravamen	Es la cifra, coeficiente o porcentaje que se aplica a la base liquidable para obtener como resultado la cuota íntegra. Los tipos de gravamen pueden ser **específicos** o **porcentuales.** El conjunto de tipos de gravamen aplicables a las distintas unidades o tramos de base liquidable en un tributo se denomina **tarifa.** La ley puede prever la aplicación de un tipo cero, así como de tipos reducidos o bonificados.	
Cuota tributaria	Se determina aplicando el tipo de gravamen a la base liquidable o según una cantidad fija señalada al efecto. La cuota líquida será el resultado de aplicar sobre la cuota íntegra las deducciones, bonificaciones, adiciones o coeficientes previstos, en su caso, en la ley de cada tributo.	
Deuda tributaria	Está constituida por la cuota o cantidad a ingresar que resulte de la obligación tributaria principal o de las obligaciones de realizar pagos a cuenta.	

Actividades

1·· Una Administración Pública decide establecer un nuevo tributo a partir del 1 de marzo del presente año, ¿deben los ciudadanos hacer frente a su pago si durante los meses anteriores han realizado el hecho imponible? ¿Por qué?

2·· ¿En qué se diferencian la base imponible y la base liquidable?

3·· El 17 de abril de 2015, Manuel López emite una factura por la prestación de sus servicios profesionales a la empresa KUNKISA, por lo cual está sujeto al pago de un tributo. Identifica, en esta situación, los siguientes elementos tributarios: hecho imponible, sujeto pasivo y devengo de la obligación tributaria.

Clases de tributos		
Impuestos	Son los tributos exigidos sin contraprestación cuyo hecho imponible está constituido por negocios, actos o hechos que ponen de manifiesto la capacidad económica del contribuyente.	Impuestos directos: gravan la obtención de rentas y el patrimonio y tienen en cuenta la situación personal del contribuyente. Por ejemplo, el Impuesto sobre la Renta de las Personas Físicas (IRPF) o el Impuesto sobre Sociedades (IS).
		Impuestos indirectos: gravan el consumo de bienes y servicios y las transmisiones de bienes y derechos en general, con independencia de la situación personal del contribuyente. Por ejemplo, el Impuesto sobre el Valor Añadido (IVA) o los impuestos especiales, que gravan el consumo de determinados bienes como las bebidas alcohólicas o el tabaco.
Tasas	Son los tributos cuyo hecho imponible consiste en la utilización privativa o el aprovechamiento especial del dominio público, la prestación de servicios o la realización de actividades en régimen de derecho público que se refieran, afecten o beneficien de modo particular al obligado tributario, cuando los servicios o actividades no sean de solicitud o recepción voluntaria para los obligados tributarios o no se presten o realicen por el sector privado. Por ejemplo, las tasas por derechos de examen para obtener el permiso de conducir o la tasa por la entrada de vehículos a través de las aceras o calzadas (vado permanente).	
Contribuciones especiales	Son los tributos cuyo hecho imponible consiste en la obtención por el obligado tributario de un beneficio o de un aumento de valor de sus bienes como consecuencia de la realización de obras públicas o del establecimiento o ampliación de servicios públicos. Por ejemplo, el pago por parte de los vecinos de las obras de asfaltado de su calle, ya que este les supone un beneficio.	

Precios públicos

Aunque no se consideran tributos, tienen gran relevancia como fuentes de ingresos públicos. Son contraprestaciones pecuniarias que recibe una entidad pública, a cambio de prestar servicios o realizar actividades efectuadas en régimen de Derecho Público cuando, prestándose también tales servicios o actividades por el sector privado, sean de solicitud voluntaria por parte de los administrados. Por ejemplo, el uso de una instalación deportiva municipal.

Al menos, deben cubrir los costes económicos del servicio o actividad o ser equivalentes a la utilidad que se deriva de ellos.

Actividades

4·· ¿A qué nos referimos cuando decimos que los impuestos indirectos gravan el consumo de bienes y servicios con independencia de la situación personal del contribuyente? Pon un ejemplo.

5·· ¿Qué tipo de tributo debe establecer una Administración Pública por la prestación de un servicio que no presta el sector privado?

1.4 > Formas de extinción de la deuda tributaria

Ya hemos visto que la deuda tributaria está constituida por la cantidad a ingresar que resulte de la obligación tributaria. Esa deuda puede extinguirse de las siguientes formas:

Extinción de la deuda tributaria	
Pago	Se efectuará **en efectivo** por los medios y en la forma que se determine reglamentariamente. También puede realizarse **mediante efectos timbrados** cuando así se disponga reglamentariamente e, incluso, se admite el pago **en especie** cuando una ley lo disponga expresamente. La normativa tributaria regulará los requisitos y condiciones para que el pago pueda efectuarse utilizando técnicas y medios electrónicos, informáticos o telemáticos. Se entiende pagada en efectivo una deuda tributaria cuando se haya realizado el ingreso de su importe en las cajas de los órganos competentes, oficinas recaudadoras o entidades autorizadas para su admisión. Las deudas tributarias resultantes de una autoliquidación deberán pagarse en los plazos que establezca la normativa de cada tributo y pueden aplazarse o fraccionarse en los términos que se fijen y previa solicitud del obligado tributario.
Prescripción	Es la extinción de la deuda tributaria por la falta de reclamación de su importe al obligado tributario, en un plazo determinado. Prescribirán a los **cuatro años** los derechos de la Administración para determinar la deuda tributaria y para exigir su pago y también los derechos a solicitar y obtener las devoluciones derivadas de la normativa de cada tributo y las devoluciones de ingresos indebidos. La prescripción aprovecha a todos los obligados tributarios y se aplicará de oficio, incluso en los casos en que se haya pagado la deuda tributaria, sin necesidad de que la invoquen dichos obligados.
Compensación	Supone la extinción de la deuda tributaria cuando la Administración y el obligado son recíprocamente acreedores y deudores. Consiste en dar por pagada la deuda de cada uno por la cantidad concurrente. Las deudas tributarias de un obligado tributario pueden extinguirse total o parcialmente por compensación con créditos reconocidos por acto administrativo a favor del mismo obligado. La compensación se acordará de oficio o a instancia del obligado tributario. Los obligados tributarios podrán solicitar la compensación de los créditos y las deudas tributarias de las que sean titulares mediante un sistema de cuenta corriente.
Condonación	Es la extinción de la deuda tributaria porque la Administración le perdona su importe al obligado a pagar. Las deudas tributarias solo podrán condonarse en virtud de ley, en la cuantía y con los requisitos que en esta se determinen.

Actividades

6·· Un contribuyente tiene una deuda tributaria con la Administración y a su vez, la misma Administración debe una cantidad al contribuyente. ¿Es posible en este caso que se extinga la deuda tributaria de ese contribuyente? ¿Por qué?

1.5 > Infracciones y sanciones tributarias

Serán sujetos infractores las personas físicas o jurídicas y las entidades que realicen las acciones u omisiones tipificadas como infracciones en las leyes.

Son **infracciones tributarias** las acciones u omisiones dolosas o culposas que estén tipificadas y sancionadas como tales en las leyes.

Las infracciones tributarias se calificarán, de acuerdo con lo dispuesto en cada caso, como: **leves**, **graves** o **muy graves**.

Las infracciones tributarias se sancionarán mediante la imposición de **sanciones económicas** y, cuando proceda, de **sanciones no pecuniarias** de carácter accesorio (por ejemplo, la pérdida de la posibilidad de obtener subvenciones o ayudas públicas o la prohibición, durante un plazo determinado, de contratar con la Administración Pública que hubiera impuesto la sanción).

Si la Administración Tributaria estima que la infracción puede ser constitutiva de delito contra la Hacienda Pública, pasará el caso a la jurisdicción competente o remitirá el expediente al Ministerio Fiscal, suspendiendo el procedimiento administrativo hasta que no haya sentencia firme, sobreseimiento o el fiscal le devuelva el expediente.

La sentencia condenatoria de la autoridad judicial impedirá la imposición de sanción administrativa.

Las sanciones tributarias **se extinguen** por el **pago** o **cumplimiento**, por **prescripción** del derecho para exigir su pago (cuatro años desde que se cometieron las infracciones), por **compensación**, por **condonación** y por el **fallecimiento** de todos los obligados a satisfacerlas.

Ejemplos de infracciones tributarias

- Dejar de ingresar la deuda tributaria que debiera resultar de una autoliquidación.
- Incumplir la obligación de presentar de forma completa y correcta declaraciones o documentos necesarios para practicar liquidaciones.
- Obtener indebidamente devoluciones.
- Solicitar indebidamente devoluciones, beneficios o incentivos fiscales.
- Incumplir obligaciones contables y registrales.
- Incumplir obligaciones de facturación o documentación.

Ejemplos 1

Graduación de las infracciones tributarias

El incumplimiento de la obligación de presentar de forma completa y correcta las declaraciones o documentos necesarios para que la Administración Tributaria pueda practicar la adecuada liquidación de aquellos tributos que no se exigen por el procedimiento de autoliquidación es una infracción tributaria, que, según su cuantía, puede ser considerada como leve, grave o muy grave y llevar acarreadas distintas multas:

- **Infracción leve:** cuando la base de la sanción sea inferior o igual a 3.000 € o, siendo superior, no exista ocultación. La sanción por infracción leve consistirá en multa pecuniaria proporcional del 50%.
- **Infracción grave:** cuando la base de la sanción sea superior a 3.000 € y exista ocultación. La sanción por infracción grave consistirá en multa pecuniaria proporcional del 50% al 100%.
- **Muy grave:** cuando se hubieran utilizado medios fraudulentos. La sanción por infracción muy grave consistirá en multa pecuniaria proporcional del 100% al 150%.

Actividades

7·· Busca dos ejemplos de infracciones tributarias leves, otros dos de graves y dos más de muy graves.

2 >> Obligaciones fiscales de la empresa

Las personas físicas (autónomos), las personas jurídicas (entidades mercantiles) y las entidades sin personalidad jurídica (sociedades civiles y comunidades de bienes) están sometidas a las siguientes obligaciones fiscales:

Obligaciones fiscales y modelo de impreso		Personas físicas	Personas jurídicas	Entidades sin personalidad jurídica
Antes de iniciar la actividad	Declaración censal (alta y solicitud del NIF): modelo 036/037	✓	✓	✓
Durante la actividad	Declaración censal (modificación): modelo 036/037	✓	✓	✓
	IAE: modelo 840, 848	✗	✓	✓
	IRPF: modelo D100, 130, 131	✓	✗	✗
	Retenciones IRPF: modelo 111, 190	✓	✓	✓
	IS: modelo 202, 222, 200, 220	✗	✓	✓
	IVA: modelo 303, 390	✓	✓	✓
	Declaración anual de operaciones con terceros: modelo 347	✓	✓	✓
Después de la actividad	Declaración censal (baja): modelo 036/037	✓	✓	✓
	IAE: modelo 840	✗	✓	✓

2.1 > Declaración censal

Quienes vayan a desarrollar alguna actividad económica deben solicitar previamente el **alta en el censo de empresarios, profesionales y retenedores,** indicando los datos identificativos de la actividad y los relativos a los regímenes y obligaciones tributarias respecto del IRPF, del Impuesto sobre Sociedades y del IVA.

Además, antes de realizar cualquier entrega, adquisición o importación de bienes o servicios, de percibir cobros o abonar pagos o de contratar personal para desarrollar su actividad, deben solicitar el **número de identificación fiscal (NIF).**

Actividades

8·· Indica las obligaciones fiscales que corresponden a un empresario autónomo, antes, durante y después del inicio de su actividad.

2.2 > El Impuesto sobre Actividades Económicas

El **Impuesto sobre Actividades Económicas (IAE)**, es un tributo municipal, directo y de carácter real, cuyo hecho imponible está constituido por el mero ejercicio, en territorio nacional, de actividades empresariales, profesionales o artísticas, se ejerzan o no en local determinado y se hallen o no especificadas en las tarifas del impuesto.

La ley considera que una actividad se ejerce con carácter empresarial, profesional o artístico cuando quien la ejerza utilice, de forma ordenada, recursos humanos o medios de producción con la finalidad de producir o distribuir bienes o servicios.

Elementos del Impuesto sobre Actividades Económicas

Podemos resumir los elementos integrantes de este tributo en la siguiente tabla:

Elementos del IAE	
Hecho imponible	Está constituido por el mero ejercicio en territorio nacional de actividades empresariales, profesionales o artísticas, se ejerzan o no en local determinado y se hallen o no especificadas en las tarifas del impuesto.
Contribuyente y sujeto pasivo	Las **personas físicas (autónomos)**, **personas jurídicas (sociedades)** y **entidades sin personalidad jurídica (sociedades civiles y comunidades de bienes)** que realicen, en territorio nacional, actividades empresariales, profesionales y artísticas, salvo las agrícolas, las ganaderas dependientes, las forestales y las pesqueras.
Base imponible	No existe base imponible ni tipo de gravamen, ya que la cuota tributaria se obtiene directamente de la aplicación de las tarifas del impuesto, recogidas en el Real Decreto Legislativo 1175/1990 junto con las instrucciones para su aplicación.
Cuota tributaria	Es la resultante de aplicar los distintos elementos que intervienen en su determinación.
Ámbito de aplicación	Es un tributo de carácter municipal, que se aplica en todo el territorio español, aunque existen algunas particularidades como los regímenes forales del País Vasco y Navarra o los casos de Canarias, Ceuta y Melilla.

Todas las personas y entidades incluidas en el censo de empresarios, profesionales y retenedores deben declarar las actividades económicas que desarrollen, mediante la declaración censal de alta baja o modificación de la situación tributaria. Esta obligación es independiente de que, la entidad pueda estar obligada al pago del IAE.

Modelos de declaración censal de alta, baja o modificación de la situación tributaria en el IAE

- 036/037: sujetos pasivos exentos del IAE por todas sus actividades.
- 840: sujetos pasivos no exentos del pago del IAE.

Exenciones

Entre otros, **están exentos del pago** del impuesto con carácter general:

- El Estado, las comunidades autónomas y las entidades locales.
- Los sujetos pasivos que inicien el ejercicio de su actividad en territorio español, durante los dos primeros periodos impositivos del impuesto en que se desarrolle aquella.
- Las personas físicas, ya sean residentes o no residentes.
- Los sujetos pasivos del IS y las sociedades civiles que tengan un importe neto de la cifra de negocios inferior a 1.000.000 €.

Cálculo de la cuota tributaria

La cuota tributaria se calcula aplicando los distintos elementos que intervienen en su determinación. Hay que tener en cuenta que los empresarios pueden elegir entre satisfacer la **cuota mínima municipal**, que habilita para llevar a cabo la actividad en un municipio determinado, **cuota provincial** (en una provincia) o **cuota nacional** (en todo el Estado).

Elementos para el cálculo de la cuota	
Cuota de tarifa	Se aprueba por el gobierno, para cada epígrafe de actividad económica, teniendo en cuenta ciertos elementos de esa actividad (superficie del local, potencia eléctrica instalada, número de obreros, etc.).
Coeficiente de ponderación	Es de aplicación obligatoria y se determina en función del importe neto de la cifra de negocios del sujeto pasivo.
Coeficiente municipal de situación	Es un coeficiente de carácter potestativo para los ayuntamientos. Aquellos que lo establezcan fijarán una escala de coeficientes que pondere la situación física del local dentro de cada término municipal atendiendo a la categoría de la calle en la que radique dicho local.
Recargo provincial	Es un recargo potestativo que las diputaciones, consejos y cabildos insulares y comunidades autónomas uniprovinciales pueden establecer sobre el IAE. Se aplicará sobre las cuotas municipales, modificadas por la aplicación del coeficiente de ponderación.

Casos prácticos 1

Cálculo de la cuota del IAE

Una sociedad mercantil ejerce una actividad de "empresa de estudios de mercado" recogida en el Epígrafe 846. Desarrolla esta actividad en un local comercial situado en la calle Mayor, calle que está calificada en la ordenanza fiscal municipal como calle de primera categoría, habiendo establecido el ayuntamiento un índice de situación del 2,98 para esta tipología de calle. Existe un recargo provincial del 30%. La empresa facturó en el ejercicio anterior 2.000.000 €. ¿Cuál sería de la deuda tributaria del Impuesto sobre Actividades Económicas para este año?

Solución

- **Cuota de tarifa:** 202,168452 € (en función de la actividad, epígrafe 846).
- **Coeficiente de ponderación:** 1,29 (en función de la cifra de negocios).
- **Cuota ponderada:** 202,168452 · 1,29 = 260,80 €.
- **Coeficiente de situación:** 2,98 (en función de la situación).
- **Cuota incrementada:** 260,80 · 2,98 = 777,18 €.
- **Recargo provincial:** 30% · 260,80 = 78,24 €.
- **Deuda tributaria:** 777,18 + 78,24 = 855,42 €.

Actividades

9·· ¿A qué nos referimos cuando decimos que en el IAE no existe base imponible?

10·· ¿Qué modelo de declaración censal debe presentar un profesional cuyo importe neto de la cifra de negocios por todas sus operaciones es de 300.000 €?

2.3 > El Impuesto sobre el Valor Añadido

El **IVA** es un tributo de naturaleza indirecta que recae sobre el consumo y grava, en la forma y condiciones previstas en la ley, las **entregas de bienes** y **prestaciones de servicios** efectuadas por empresarios o profesionales, las **adquisiciones intracomunitarias** de bienes y las **importaciones** de bienes.

Elementos del Impuesto sobre el Valor Añadido

Podemos resumir los elementos integrantes de este tributo en la siguiente tabla:

Elementos del IVA	
Hecho imponible	**Entregas de bienes y prestaciones de servicios** realizadas en el ámbito espacial del impuesto por **empresarios o profesionales** a título oneroso, con carácter habitual u ocasional, en el desarrollo de su actividad empresarial o profesional, incluso si se efectúan en favor de los propios socios, asociados, miembros o partícipes de las entidades que las realicen.
	Adquisiciones intracomunitarias de bienes efectuadas a título oneroso por empresarios, profesionales o personas jurídicas que no actúen como tales cuando el transmitente sea un empresario o profesional. Una adquisición intracomunitaria es la adquisición de bienes muebles corporales, procedentes de otro estado miembro de la Unión Europea.
	Importaciones de bienes, cualquiera que sea el fin a que se destinen y la condición del importador. Una importación es la entrada en el interior del país de un bien procedente de un territorio tercero, distinto de los países miembros de la Unión Europea.
Contribuyente y sujeto pasivo	Son **sujetos pasivos** las personas físicas o jurídicas que tengan la condición de empresarios o profesionales y realicen las entregas de bienes o prestaciones de servicios sujetas al impuesto, aunque al recaer este impuesto sobre el consumo, el **contribuyente** es el consumidor final, que es quien resulta realmente gravado por los bienes entregados o servicios prestados.
Base imponible	El importe total de la contraprestación de las operaciones sujetas al impuesto.
Cuota tributaria	Se calcula aplicando el tipo de gravamen correspondiente sobre la base imponible.
Ámbito de aplicación	Es un tributo que se aplica en el territorio peninsular español e Islas Baleares, estando excluidos Ceuta, Melilla y las Islas Canarias. En Canarias se aplica un impuesto similar, denominado IGIC (Impuesto General Indirecto Canario).

Ejemplos 2

Operaciones sujetas al IVA

Una empresa dedicada a la venta y reparación de equipos informáticos de Soria vende un equipo a una empresa de Teruel y también repara uno de sus equipos.

Se trata de dos operaciones sujetas al impuesto, una entrega de bienes y una prestación de servicios que se efectúan dentro del ámbito espacial de aplicación del impuesto, revisten carácter oneroso porque se recibe una contraprestación a cambio y se trata de bienes afectos a la actividad de la empresa.

Operaciones no sujetas y exentas

Algunas entregas de bienes y prestaciones de servicios están exentas o no sujetas al impuesto:

- **Operaciones no sujetas:** no se produce el hecho imponible.
- **Operaciones exentas:** se produce el hecho imponible, pero, por diversos motivos, no se someten a gravamen.

Principales operaciones no sujetas y exentas	
Operaciones no sujetas	- Las entregas gratuitas de muestras de mercancías sin valor comercial. - Las prestaciones de servicios de demostración a título gratuito efectuadas para la promoción de las actividades empresariales o profesionales. - Las entregas sin contraprestación de impresos u objetos de carácter publicitario. - Los servicios prestados por personas físicas en régimen de dependencia derivado de relaciones administrativas o laborales. - Las entregas de bienes y prestaciones de servicios realizadas directamente por las Administraciones Públicas sin contraprestación o mediante contraprestación de naturaleza tributaria.
Operaciones exentas	- Las prestaciones de servicios y las entregas de bienes que constituyan el servicio postal. - Las prestaciones de servicios de hospitalización o asistencia sanitaria. - La asistencia a personas físicas por profesionales médicos o sanitarios. - Prestaciones de servicios de protección de la infancia y de la juventud, asistencia a la tercera edad, educación especial y asistencia a personas con minusvalía, asistencia a minorías étnicas y asistencia a refugiados, entre otras. - La educación de la infancia y de la juventud, la guarda y custodia de niños. - El transporte de enfermos o heridos en ambulancias o vehículos especialmente adaptados para ello. - Las operaciones de seguro, reaseguro y capitalización. - Las entregas de sellos de Correos y efectos timbrados de curso legal. - Determinadas operaciones financieras como los depósitos. - Las loterías, apuestas y juegos organizados por el Estado, la Organización Nacional de Ciegos y por los organismos correspondientes de las comunidades autónomas. - Las exportaciones. - Las entregas de bienes con destino a otro Estado miembro de la Unión Europea.

Las exenciones pueden ser **limitadas** o **plenas.** En el primer caso, la empresa no cobra el IVA al cliente, pero la empresa sí que paga IVA por los productos que utiliza en su actividad. En el segundo, la empresa ni cobra ni paga IVA, es decir, la empresa no cobra el IVA en sus ventas y en el caso de que realice compras y pague IVA por estas, la Administración se lo tendrá que devolver cuando presente su declaración.

Actividades

11·· Un empresario español compra a una empresa francesa una nueva máquina para utilizarla en su proceso productivo.

a) ¿De qué tipo de operación se trata?
b) ¿Está sometida al IVA?
c) ¿Y si se tratara del caso contrario y fuera la empresa francesa la que comprara a la empresa española?

Base imponible

La base imponible del IVA está constituida por el importe total de la contraprestación de las operaciones sujetas a este, que incluye, entre otros, los siguientes conceptos.

Determinación de la base imponible del IVA	
Conceptos incluidos	- Importe de la entrega de bienes o prestación del servicio. - Gastos de comisiones, portes y transporte, seguros, primas por prestaciones anticipadas y cualquier otro crédito efectivo a favor de quien realice la entrega o preste el servicio, derivado de la prestación principal o de las accesorias a esta. - Subvenciones vinculadas directamente al precio de las operaciones sujetas al impuesto. - Tributos y gravámenes, excepto el propio IVA y el impuesto especial sobre matriculación de determinados medios de transporte. - Importe de los envases y embalajes.
Conceptos no incluidos	- Los descuentos y las bonificaciones que recaigan sobre la operación. - Las indemnizaciones que no compensen las operaciones sujetas. - Suplidos (pagos que se realizan por cuenta y en nombre del cliente).

Tipos impositivos

Si bien el tipo general es del 21%, existe un tipo reducido del 10% y un superreducido del 4%, que se aplica a determinados artículos, según resume la siguiente tabla.

Tipos del IVA	
21%	Tipo general
10%	Entre otros: - Las sustancias o productos utilizados para la nutrición humana o animal, excepto las bebidas alcohólicas. - Semillas y fertilizantes. - Las aguas aptas para la alimentación humana o animal o para el riego. - Los medicamentos para uso animal. - Los aparatos y complementos, incluidas las gafas graduadas y las lentillas que sean susceptibles de destinarse a suplir las deficiencias físicas de personas o animales. - Los edificios o parte de estos aptos para su utilización como viviendas, incluidas las plazas de garaje, con un máximo de dos unidades, y anexos en ellos situados que se transmitan conjuntamente. - Las flores y plantas. - Los transportes de viajeros y sus equipajes. - Los servicios de hostelería, restaurantes y suministro de comidas. - Los servicios de limpieza de vías públicas, parques y jardines públicos. - Los servicios de recogida de residuos y limpieza. - La entrada a bibliotecas, museos, galerías de arte y pinacotecas. - Los espectáculos deportivos de carácter aficionado. - Las exposiciones y ferias de carácter comercial.
4%	Entre otros: - Alimentos de primera necesidad: pan, harina, leche, quesos, huevos, frutas, verduras, hortalizas, legumbres, tubérculos y cereales. - Los libros, periódicos y revistas. - Los medicamentos para uso humano. - Vehículos para personas con movilidad reducida, prótesis e implantes. - Viviendas de protección oficial.

Cuota

Como en el resto de impuestos, en el IVA, la cuota se calculará multiplicando la base imponible por el tipo impositivo aplicable.

Casos prácticos **2**

Cálculo de la cuota en el IVA

Una empresa vende productos por un importe de 5.000 €. En la factura se incluyen además otros 150 € en concepto de transporte, 78 € de seguro y 56 € de envases y embalajes.

Calcula la cuota del IVA, suponiendo que es de aplicación el tipo general.

Solución

La base imponible está constituida por el importe total de la contraprestación de las operaciones sujetas al mismo, por lo tanto:

$$5.000 + 150 + 78 + 56 = 5.284 \text{ €}$$

El tipo general del IVA es del 21%, por tanto, para calcular la cuota, habrá que multiplicar este tipo por el importe de la base imponible:

$$5.284 \cdot 21\% = 1.109{,}64 \text{ €}$$

Liquidación del IVA

Los sujetos pasivos, empresarios y profesionales, **pagan** (soportan) IVA por sus compras y **cobran** (repercuten) IVA por las ventas o prestaciones de servicios que realizan. Por esto se dice que el impuesto es neutral para ellos, ya que en realidad colaboran con la Administración, cobrando el IVA a los contribuyentes e ingresándolo después en el Tesoro Público.

Por tanto, a la hora de realizar sus declaraciones de IVA, los empresarios sumarán el importe de las cuotas que han cobrado a sus clientes y se podrán deducir (restar) las cuotas de IVA que han soportado en las entregas y prestaciones de servicios sujetas y no exentas del IVA, las exportaciones y las entregas intracomunitarias de bienes.

La deuda tributaria, por tanto, se calcula según la siguiente fórmula:

Deuda tributaria = IVA repercutido – IVA deducible

El resultado de esa fórmula podrá ser positivo a negativo:

- **Si el resultado es positivo:** los sujetos pasivos ingresarán el importe en el Tesoro Público.
- **Si el resultado es negativo**: su cuantía se compensa en las declaraciones-liquidaciones de los trimestres siguientes. Si se trata de la declaración correspondiente al final de ejercicio, se puede optar por solicitar la devolución o bien compensar el saldo negativo en las liquidaciones del ejercicio siguiente.

Deducciones

Para poder practicar las deducciones, se han de cumplir dos requisitos: tener la condición de empresarios o profesionales y haber iniciado la realización habitual de entregas de bienes o prestaciones de servicios correspondientes a sus actividades empresariales o profesionales.

No podrán deducir las cuotas soportadas o satisfechas por las adquisiciones o importaciones de bienes o servicios que no afecten, directa y exclusivamente, a su actividad empresarial o profesional.

Las deducciones se practicarán en la declaración correspondiente al periodo de liquidación en el cual se soportaron las cuotas deducibles o en los sucesivos, siempre que no hubiesen transcurrido más de cuatro años contados desde el nacimiento del derecho a deducción.

Regla de prorrata

Es una regla que se aplica para la liquidación del IVA, cuando el sujeto pasivo, en el ejercicio de su actividad empresarial o profesional, efectúa conjuntamente entregas de bienes o prestaciones de servicios que originen el derecho a la deducción y otras operaciones de análoga naturaleza que no habilitan para el ejercicio del citado derecho.

Para calcular el porcentaje de prorrata aplicable, se utiliza la siguiente fórmula:

$$\text{Porcentaje de deducción} = \frac{\text{Importe anual de las operaciones con derecho a deducción}}{\text{Importe anual de todas las operaciones}} \cdot 100$$

Una vez hallado el porcentaje de deducción, se multiplica este por las cuotas para calcular el IVA deducible.

Casos prácticos 3

Liquidación del IVA

Un empresario ha repercutido a sus clientes, durante el primer trimestre del año, unas cuotas de IVA de 5.400 € y ha soportado de sus proveedores unas cuotas de 3.200 €. ¿Cuál será el resultado de la liquidación correspondiente al primer trimestre?

Solución

Se restará al IVA repercutido, el IVA soportado. Por tanto: 5.400 − 3.200 = 2.200 €.

Actividades

12·· Una empresa de Murcia vende un equipo informático a otra de Barcelona por un importe de 4.500 €. En la factura se incluyen también otros 75 € en concepto de transporte, 25 € de seguro y 50 € de envases y embalajes. Asimismo, le ha aplicado un 5% de descuento comercial sobre el importe de los artículos.

Calcula la cuota del IVA, suponiendo que es de aplicación el tipo general.

Regímenes especiales en el IVA

Son los siguientes:

Regímenes especiales en el IVA	
Simplificado	Se aplica a las actividades que tributan en estimación objetiva del IRPF (los denominados "módulos").
Agricultura, ganadería y pesca	Es de aplicación a los titulares de explotaciones agrícolas, forestales, ganaderas o pesqueras.
De bienes usados, objetos de arte, antigüedades y objetos de colección	De aplicación a los sujetos pasivos revendedores de bienes usados o de bienes muebles que tengan la consideración de objetos de arte, antigüedades u objetos de colección.
Oro de inversión	**Régimen obligatorio** que se aplica en operaciones con lingotes, láminas o monedas de oro.
Agencias de viajes	**Régimen obligatorio,** aplicable a las operaciones realizadas por las agencias de viajes cuando actúen en nombre propio y a las operaciones realizadas por los organizadores de circuitos turísticos.
Recargo de equivalencia	**Régimen obligatorio** que se aplica a los comerciantes minoristas. Los comerciantes minoristas sometidos a este régimen no están obligados a efectuar la liquidación ni el pago del impuesto a la Hacienda Pública en relación con las operaciones comerciales que realicen y tampoco podrán deducir las cuotas soportadas por las adquisiciones de bienes o por los servicios que les hayan sido prestados, en la medida en que dichos bienes o servicios se utilicen en la realización de sus actividades. A cambio, los proveedores de estos comerciantes, además de la cuota de IVA, les repercutirán el recargo de equivalencia correspondiente en cada una de las operaciones que lleven a cabo. La base imponible del recargo de equivalencia será la misma que resulte para el IVA. Los tipos del recargo son los siguientes: 5,2% para las operaciones gravadas con el 21% de IVA, 1,4% para las operaciones gravadas con el 10% y 0,50% para las operaciones gravadas con el 4%.
Grupo de entidades	Aplicable a los empresarios o profesionales que formen parte de un grupo de entidades. Se considerará como grupo de entidades el formado por una entidad dominante y sus entidades dependientes.
Criterio de caja	De aplicación para los sujetos pasivos del impuesto cuyo volumen de operaciones durante el año natural anterior no haya superado los 2.000.000 €. En este régimen, el devengo del IVA se produce cuando se produce el pago o cobro en vez de cuando se emite la factura.

Ejemplos 3

Aplicación del recargo de equivalencia

Vamos a ver la aplicación del recargo de equivalencia en una entrega de bienes a un minorista, por importe de 600 €, gravada con un 21%:

- IVA: 600 · 21% = 126 €.
- Recargo de equivalencia: 600 · 5,2% = 31,20 €.
- Importe a pagar por el comerciante minorista: 600 + 126 + 31,20 = 757,20 €.

Modelos y plazos de la declaración-liquidación

Todos los sujetos pasivos deben presentar **declaraciones-liquidaciones** en los siguientes plazos y modelos.

Modelos y plazos de liquidación del IVA		
Modelo 303	**Liquidación trimestral**	La presentación del modelo 303 y, en su caso, el ingreso o solicitud de compensación se efectúa entre el 1 y el 20 de abril, julio y octubre, excepto la correspondiente al último periodo de liquidación del año, en la que también puede solicitar la devolución, entre el 1 y el 30 de enero del año siguiente.
	Liquidación mensual	Se aplica a las **grandes empresas** (aquellas cuyo volumen de operaciones durante el año natural inmediato anterior hubiese excedido de 6.010.121,04 €) **y sujetos pasivos que opten por el régimen de devolución mensual.** La presentación del modelo 303 y, en su caso, el ingreso o solicitud de compensación o devolución se efectúa entre el 1 y el 20 del mes siguiente a la finalización del correspondiente periodo de liquidación mensual, salvo la de diciembre, que se presenta entre el 1 y el 30 de enero del año siguiente.
Modelo 390	Es el **resumen anual** y deberá presentarse en los **primeros 30 días naturales del mes de enero siguiente al año al que se refiere la declaración.**	

Obligaciones en materia de libros de registro

Los empresarios o profesionales, sujetos pasivos del IVA, han de llevar los siguientes libros registros de registro:

- Libro registro de facturas expedidas.
- Libro registro de facturas recibidas.
- Libro registro de bienes de inversión.
- Libro registro de determinadas operaciones intracomunitarias.
- Libros registro especiales, en el caso de los regímenes especiales.

Obligaciones contables y en materia de facturación

La contabilidad deberá permitir determinar con precisión el importe total del IVA que el sujeto pasivo haya repercutido a sus clientes, así como el importe total del impuesto soportado por el sujeto pasivo.

Las facturas recibidas, los justificantes contables y las copias de las facturas expedidas deberán conservarse, incluso por medios electrónicos, durante el plazo de prescripción del impuesto.

Todas las operaciones realizadas por los sujetos pasivos en el ejercicio de sus actividades empresariales o profesionales deberán contabilizarse o registrarse dentro de los plazos establecidos para la liquidación y pago del impuesto.

Actividades

13·· Calcula el importe a pagar por un comerciante minorista por la adquisición de pan, para su establecimiento de panadería, por un importe de 146 €.

Actividades finales

1·· ¿A qué nos referimos cuando decimos que "los impuestos son tributos exigidos sin contraprestación"? ¿Cuál es la principal diferencia entre los impuestos directos y los indirectos?

2·· Una sociedad es sancionada por la Administración Tributaria por retrasarse en la presentación de la liquidación del IVA de un trimestre. ¿A qué tipo de sanciones podría enfrentarse?

3·· Indica cuáles de los siguientes están exentos del pago del IAE:

a) Una comunidad autónoma.
b) Un empresario autónomo.
c) Sociedad anónima con un importe neto de cifra de negocio de 3.000.000 €.
d) Una sociedad que inició el ejercicio de su actividad en territorio español hace 1 año.

4·· Una emisora de radio ejerce su actividad (recogida en el Epígrafe 964.1) en local comercial situado en la calle Pinar, que está calificada en la ordenanza fiscal municipal como calle de segunda categoría, habiendo establecido el ayuntamiento un índice de situación del 1,75 para esta tipología de calle. Existe un recargo provincial del 35%. La empresa facturó en el ejercicio anterior 1.500.000 € (coeficiente de ponderación 1,29).

La cuota mínima municipal establecida para esta actividad es de 124,40 €.

Calcula la deuda tributaria del IAE para determinar la mejor opción para la empresa.

5·· Indica si las siguientes operaciones se consideran sujetas, no sujetas o exentas del pago del IVA:

a) Entrega de sellos de correos.
b) Entrega gratuita de muestras de mercancías sin valor comercial.
c) Exportaciones.
d) Adquisición intracomunitaria.

6·· Una ferretería adquiere a su proveedor una partida de herramientas por importe de 4.500 €, con un descuento del 7%. Los gastos de transporte, a su cargo, ascienden a 126 €, y los embalajes, a 89 €. Calcula la base imponible del IVA y la cuota tributaria.

7·· Calcula la prorrata general de un empresario que ha realizado actividades con derecho a deducción y otras que no. El importe de estas ha sido el siguiente:

- Importe anual todas las operaciones: 550.000 €.
- Importe anual de operaciones con derecho a deducción: 328.000 €.
- Cuotas de IVA soportado: 96.350 €.

8·· Realiza la liquidación de IVA correspondiente al tercer trimestre del año 20XX de una empresa que ha realizado las siguientes operaciones (IVA no incluido):

- Compra de materias primas: 6.200 €.
- Venta de productos: 10.600 €.
- Pago del recibo del agua: 152 €.
- Pago de las nóminas de sus trabajadores: 24.000 €.

9·· ¿Qué alternativas tiene el empresario del caso anterior si la liquidación es positiva? ¿Y si es negativa?

10·· La empresa de la actividad 8 presenta en el cuarto trimestre del año 20XX los siguientes datos (IVA no incluido): compra de materias primas (8.000 €), venta de productos (7.500 €), pago del recibo del agua (100 €) y pago de las nóminas de sus trabajadores (22.000 €):

a) Realiza la liquidación de IVA correspondiente al cuarto trimestre del año.
b) ¿Cuál será el plazo para presentar dicha liquidación?

Casos finales

Obligaciones fiscales y cálculo de la cuota tributaria en el IAE

Cristina es propietaria de una empresa dedicada a la decoración y el diseño de interiores. La empresa está constituida como una sociedad de responsabilidad limitada y realiza la mayoría de sus operaciones comerciales a escala nacional y en la Unión Europea.

Antes de comenzar su actividad, se dio de alta en el censo de empresarios, profesionales y retenedores en el Epígrafe 432 (Decoradores-Diseñadores de interiores).

Desarrolla su actividad en un local comercial situado en la avenida de Europa, que está calificada en la ordenanza fiscal municipal como calle de segunda categoría, habiendo establecido su ayuntamiento un índice de situación del 1,92 para esta tipología de calle. Además existe un recargo provincial del 28%.

La cuota de tarifa establecida legalmente para esta actividad es de 129,39 €.

Durante el ejercicio anterior, la empresa facturó por importe de 1.200.000 € (coeficiente de ponderación 1,29).

a) ¿Cuáles son las obligaciones fiscales que debe cumplir para desarrollar su actividad?
b) Calcula la cuota tributaria que debe pagar en concepto de IAE y los modelos que tiene que cumplimentar.

Liquidación del IVA

Una empresa dedicada a la fabricación y venta de productos de limpieza para el hogar ha realizado durante el último trimestre del año las siguientes operaciones:

1. Compra de materias primas: 9.200 €.
2. Venta de productos: 25.478 €.
3. Venta de productos a comerciantes minoristas acogidos al régimen del recargo de equivalencia: 4.654 €.
4. Pago del recibo del agua: 242 €.
5. Pago de las nóminas de sus trabajadores: 38.900 €.
6. Compra de sellos: 87 €.
7. Entrega gratuita de muestras de mercancías: 950 €.

Teniendo en cuenta los datos anteriores:

a) Señala si las operaciones anteriores están sujetas, no sujetas o exentas del pago del IVA.
b) Calcula la base imponible de cada una de las operaciones sujetas.
c) Calcula la liquidación de IVA correspondiente al último trimestre del año.
d) Indica los modelos que debe presentar y el plazo de presentación.

Autoevaluación

1. No tienen el carácter de tributo:

a) Los precios públicos.
b) Las tasas.
c) Los impuestos.
d) Las contribuciones especiales.

2. Los impuestos que gravan el consumo de bienes y servicios y las transmisiones de bienes y derechos en general, con independencia de la situación personal del contribuyente, son:

a) Indirectos.
b) Directos.
c) Reales.
d) Bonificados.

3. La cifra, coeficiente o porcentaje que se aplica a la base liquidable para obtener como resultado la cuota íntegra es:

a) El hecho imponible.
b) La base imponible.
c) La deuda tributaria.
d) El tipo de gravamen.

4. La extinción de la deuda tributaria porque la Administración le perdona su importe al obligado a pagar se llama:

a) Prescripción.
b) Pago.
c) Condonación.
d) Compensación.

5. Si la Administración Tributaria estima que la infracción puede ser constitutiva de delito contra la Hacienda Pública:

a) Pasará el caso a la jurisdicción competente.
b) Remitirá el expediente al Ministerio Fiscal.
c) Se abstendrá de seguir el procedimiento administrativo.
d) Todas son correctas.

6. El régimen especial del IVA de aplicación para los sujetos pasivos del impuesto cuyo volumen de operaciones durante el año natural anterior no haya superado los 2.000.000 €, se denomina:

a) Régimen del recargo de equivalencia.
b) Régimen simplificado.
c) Régimen de criterio de caja.
d) Régimen de grupo de entidades.

7. Están exentos del pago del IAE:

a) Los sujetos pasivos que inicien el ejercicio de su actividad en territorio español, durante los dos primeros periodos impositivos del impuesto.
b) Las personas físicas, ya sean residentes o no residentes.
c) Los sujetos pasivos del IS y las sociedades civiles que tengan un importe neto de la cifra de negocios inferior a 1.000.000 €.
d) Todas son correctas.

8. Son operaciones gravadas por el IVA:

a) Las entregas de bienes y prestaciones de servicios.
b) Las adquisiciones intracomunitarias efectuadas por empresarios y profesionales.
c) Las importaciones.
d) Todas son correctas.

9. Forman parte de la base imponible del IVA:

a) Las subvenciones vinculadas directamente al precio de las operaciones sujetas al Impuesto.
b) El importe de los envases y embalajes.
c) Gastos de comisiones, portes y transporte, seguros, primas por prestaciones anticipadas y cualquier otro crédito efectivo a favor de quien realice la entrega o preste el servicio, derivado de la prestación principal o de las accesorias a esta.
d) Todas son correctas.

10. La cuota que establece una tarifa para cada epígrafe del IAE, en función de la superficie desarrollada y de la superficie del local, es:

a) El coeficiente de ponderación.
b) El coeficiente municipal de situación.
c) El recargo provincial.
d) La cuota de tarifa.

Unidad 3

El IRPF y el Impuesto sobre Sociedades

Preguntas iniciales

1·· ¿Sabes qué gravan el IRPF y el Impuesto sobre Sociedades?

2·· Cuando hablamos de renta, ¿a qué nos referimos?

3·· ¿Conoces en qué consisten las actividades empresariales o profesionales?

4·· ¿Has realizado alguna vez la declaración de la renta?

En esta unidad aprenderás a...

- Conocer los elementos del IRPF y del Impuesto sobre Sociedades.
- Reconocer los métodos de estimación de la renta en el IRPF y el Impuesto sobre Sociedades.
- Distinguir los modelos y plazos de la declaración liquidación del IRPF y del Impuesto sobre Sociedades.

- **IRPF E IMPUESTO SOBRE SOCIEDADES**
  - **El IRPF en la empresa**
    - Elementos del IRPF
    - Las actividades empresariales y profesionales
    - Cálculo del rendimiento neto y métodos de estimación de la renta
    - Modelos y plazos de la declaración-liquidación
  - **El Impuesto sobre Sociedades**
    - Elementos del Impuesto sobre Sociedades
    - Cálculo del rendimiento neto y métodos de estimación de la renta
    - Modelos y plazos de la declaración-liquidación

Para el proyecto final

- Distinguirás los tipos de rentas gravados con el IRPF.
- Conocerás las retenciones y pagos a cuenta que se deben practicar en el IRPF.

1 >> El Impuesto sobre la Renta de las Personas Físicas en la empresa

El **Impuesto sobre la Renta de las Personas Físicas** es un tributo de carácter personal y directo que grava, según los principios de igualdad, generalidad y progresividad, la renta de las personas físicas de acuerdo con su naturaleza y sus circunstancias personales y familiares.

El impuesto sobre la renta de las personas físicas o IRPF es el impuesto más significativo del sistema tributario español.

1.1 > Elementos del IRPF

Podemos resumir los elementos integrantes de este tributo en la siguiente tabla:

<table>
<tr><th colspan="3">Elementos del IRPF</th></tr>
<tr><td rowspan="5">Hecho imponible</td><td rowspan="5">La obtención de renta por el contribuyente.
Hay varios tipos de renta.</td><td>Rendimientos del trabajo: todas las contraprestaciones o utilidades, cualquiera que sea su denominación o naturaleza, dinerarias o en especie, que deriven, directa o indirectamente, del trabajo personal o de la relación laboral o estatutaria y no tengan el carácter de rendimientos de actividades económicas.</td></tr>
<tr><td>Rendimientos del capital: la totalidad de las utilidades o contraprestaciones, cualquiera que sea su denominación o naturaleza, dinerarias o en especie, que provengan, directa o indirectamente, de elementos patrimoniales, bienes o derechos, cuya titularidad corresponda al contribuyente y no se hallen afectos a actividades económicas realizadas por este.</td></tr>
<tr><td>Rendimientos de las actividades económicas: los que, procediendo del trabajo personal y del capital conjuntamente, o de uno solo de estos factores, supongan por parte del contribuyente la ordenación por cuenta propia de medios de producción y de recursos humanos o de uno de ambos, con la finalidad de intervenir en la producción o distribución de bienes o servicios.</td></tr>
<tr><td>Ganancias y pérdidas patrimoniales: variaciones en el valor del patrimonio del contribuyente que se pongan de manifiesto con ocasión de cualquier alteración en la composición de aquel.</td></tr>
<tr><td>Imputaciones de renta que se establezcan por ley: supuestos especiales en los que la ley presume la obtención de una renta por el hecho de ser propietarios o titulares de algún bien.</td></tr>
<tr><td>Contribuyente y sujeto pasivo</td><td colspan="2">Las personas físicas que tengan su residencia habitual en territorio español.
Las personas físicas que tuviesen su residencia habitual en el extranjero en casos especiales, como los miembros del personal diplomático, administrativo, técnico o de servicios de la misión o los miembros de las oficinas consulares españolas.</td></tr>
<tr><td>Base imponible</td><td colspan="2">Está constituida por el importe de la renta del contribuyente.</td></tr>
<tr><td>Cuota tributaria</td><td colspan="2">Se calcula aplicando el tipo de gravamen correspondiente sobre la base imponible.</td></tr>
<tr><td>Ámbito de aplicación</td><td colspan="2">Se aplica en todo el territorio español, aunque existen algunas particularidades como los regímenes forales del País Vasco y Navarra o los casos de Canarias, Ceuta y Melilla.</td></tr>
</table>

1.2 > Actividades empresariales y profesionales

Las personas físicas que desarrollan directamente actividades empresariales o profesionales (empresarios individuales o autónomos) están sometidos a tributación por las rentas obtenidas en su IRPF.

La ley indica que la **actividad empresarial** la desarrolla aquel que, **de forma habitual, personal y directa, y por cuenta propia, ordena los medios de producción y los recursos humanos afectos a las actividades.** A estos efectos, se presume, salvo prueba en contrario, que el empresario o profesional es quien figura como titular de la actividad.

En particular, tienen la consideración de rendimientos de actividades económicas los procedentes de las actividades extractivas, de fabricación, comercio o prestación de servicios, incluidas las de artesanía, agrícolas, forestales, ganaderas, pesqueras, de construcción, mineras, y el ejercicio de profesiones liberales, artísticas y deportivas.

Cálculo del rendimiento neto

El rendimiento neto de las actividades económicas se determina según el siguiente esquema.

Ingresos íntegros de la actividad económica	
(−)	Gastos deducibles.
(=)	Rendimiento neto (determinado según las reglas establecidas por la Ley del Impuesto sobre Sociedades con algunas especialidades).
(−)	Reducciones específicas del IRPF.
(=)	Rendimiento neto reducido

Casos prácticos 1

Tipos de renta

Una persona física realiza las siguientes actividades:

- Trabaja mediante un contrato laboral como ingeniero en una empresa constructora.
- Ejerce como ingeniero independiente en su estudio de ingeniería.
- Es titular junto con su hermano de un negocio dedicado a la venta de material informático.

¿Qué tipo de rentas obtiene?

Solución

Obtiene rentas del trabajo por la relación laboral, de la actividad económica por su actividad particular como ingeniero (actividad profesional) y por el negocio (actividad empresarial).

Actividades

1·· Sandra es abogada y ejerce como tal. ¿Los rendimientos que obtiene como consecuencia de su actividad profesional se consideran como rendimientos de actividades económicas? ¿Por qué?

Métodos de estimación de la renta

La determinación de los rendimientos de actividades económicas se llevará a cabo a través de los siguientes métodos:

Métodos de estimación de la renta	
Estimación directa	Es el régimen general y consiste en determinar la renta obtenida por el sujeto pasivo por la diferencia entre ingresos y gastos. Supone el cálculo del beneficio real obtenido en la realización de la actividad. Se aplica si la cifra de negocios del conjunto de actividades supera los 600.000 € anuales en el año inmediato anterior.
Estimación directa simplificada	Se aplicará para determinadas actividades económicas no acogidas a ninguno de los otros dos métodos y cuyo importe neto de cifra de negocios, para el conjunto de actividades desarrolladas por el contribuyente, no supere los 600.000 € en el año inmediato anterior.
Estimación objetiva	Consiste en determinar el rendimiento neto con base en unos parámetros objetivos (número de personas que trabajan en la actividad, la potencia instalada, superficie del local, situación, etc.), ya determinados, para cada actividad. El rendimiento neto atribuible a cada actividad será la suma de las cuantías correspondientes a los signos o módulos previstos para dicha actividad. Los negocios que se encuentran incluidos en la tributación por estimación objetiva adoptan por defecto este sistema, pero aquellos empresarios que no quieran tributar de esta manera deben manifestar su renuncia a la Agencia Tributaria.

Ejemplos

1

Cálculo del rendimiento neto en estimación objetiva (módulos)

Carmen es titular de un negocio de comercio al por menor de calzado (Epígrafe 651.6 del IAE) y está acogida al régimen de estimación objetiva en el IRPF, por cumplir todos los requisitos reglamentarios de ese régimen.

Por ello, determinará el rendimiento neto de su actividad aplicando los módulos establecidos reglamentariamente. La orden ministerial que los determina establece, para cada unidad de módulo, los siguientes rendimientos objetivos:

- 3.130,41 € por cada persona asalariada.
- 13.453,83 € por cada persona no asalariada.
- 27,71 € por cada metro cuadrado de local.
- 25,27 € por cada 100 Kwh de consumo de energía eléctrica.

Actividades

2·· ¿Cuál de los tres regímenes de estimación de la renta (directo, directo simplificado u objetivo) sería el más recomendable para un bar pequeño, con poco personal pero mucha actividad y elevada facturación?

3·· ¿Qué ventajas e inconvenientes ofrecen los métodos de estimación directa y de estimación objetiva?

Modelos y plazos de presentación de la declaración-liquidación

Los contribuyentes están obligados a presentar una declaración por el IRPF en la que deben determinar la deuda tributaria e ingresarla en el lugar, forma y plazos establecidos en la normativa reguladora del impuesto.

Con carácter general, el plazo de presentación de la declaración-liquidación anual comprende desde el 1 de mayo hasta el 30 de junio, aunque su duración se adapta a las circunstancias de cada declaración (por ejemplo, si es a devolver o a ingresar).

Los modelos de declaración serán determinados cada año por el Ministerio de Hacienda. En el IRPF estos modelos están identificados por un número de tres cifras que empieza por 1 (por ejemplo, el modelo **100** es el documento de ingreso o devolución de la declaración del impuesto).

> **Lugar de presentación de las declaraciones del IRPF**
>
> Las declaraciones podrán presentarse por vía **telemática** o **presencial** en la delegación o administración de la **Agencia Tributaria** en cuya demarcación territorial tenga el contribuyente su domicilio fiscal, o bien en las **oficinas de bancos o cajas de ahorros** situados en la provincia correspondiente a su domicilio fiscal.

Pagos a cuenta

Además de la deuda tributaria que se determinará en la declaración liquidación anual, en el IRPF se establece que se practiquen pagos a cuenta a lo largo del ejercicio. Estos pagos a cuenta, que, en todo caso, tendrán la consideración de deuda tributaria, podrán consistir en **retenciones, ingresos a cuenta** y **pagos fraccionados.**

<table>
<tr><th colspan="3">Pagos a cuenta</th></tr>
<tr><td rowspan="2">Pagos fraccionados</td><td rowspan="2">Los contribuyentes que ejerzan actividades económicas estarán obligados a efectuar pagos fraccionados a cuenta del IRPF, autoliquidando e ingresando su importe en el Tesoro.</td><td>Estimación directa y directa simplificada: deben realizarse cuatro pagos fraccionados, en los plazos del 1 al 20 de abril, julio, octubre y enero del año siguiente (del 1 al 30), en el modelo 130.

El importe de los pagos fraccionados en las actividades empresariales y profesionales será el 20% del rendimiento neto obtenido desde el inicio del año hasta el último día del trimestre al que se refiera el pago.</td></tr>
<tr><td>Estimación objetiva: deben realizarse cuatro pagos fraccionados, en los plazos del 1 al 20 de abril, julio, octubre y enero del año siguiente (del 1 al 30), en el modelo 131.</td></tr>
<tr><td>Retenciones e ingresos a cuenta</td><td colspan="2">Las entidades y las personas jurídicas que abonen rentas sujetas al impuesto están obligadas a practicar retención e ingreso a cuenta, en concepto de pago a cuenta del impuesto correspondiente al perceptor, en la cantidad que se determine, y a ingresar su importe en el Tesoro.

El sujeto obligado a retener y practicar ingresos a cuenta (empresario) debe presentar, declaración de las cantidades retenidas o pagos a cuenta realizados trimestralmente o mensualmente, si se trata de grandes empresas, en el modelo 111. Asimismo, presentarán una declaración anual de retenciones e ingresos a cuenta practicados, en el modelo 190.

Los tipos de retención para los rendimientos de actividades profesionales son:
- General: 19% para el año 2015 y 18% para el año 2016.
- En el periodo de inicio de la actividad y en los dos siguientes: 9%, debiendo comunicarse este hecho al pagador de los rendimientos.
- Actividades cuyo volumen de rendimientos íntegros del ejercicio anterior sea inferior a 15.000 € y represente más del 75% de los rendimientos íntegros del trabajo y de actividades económicas: 15%.</td></tr>
</table>

Ejemplos 2

Diferencia entre retenciones e ingresos a cuenta

Aunque se les aplica el mismo tratamiento, las retenciones e ingresos a cuenta son dos conceptos diferentes:

1. **Retención:** es la cantidad que se detrae de un sueldo, salario u otra percepción dineraria para el pago anticipado de un impuesto. Las retenciones serían la parte del sueldo o del importe de una factura que el pagador nos retiene y que posteriormente ingresa en el Tesoro en nuestro nombre (constituyéndose en un sustituto del contribuyente).
2. **Ingreso a cuenta:** es la cantidad que se detrae de la valoración económica de una percepción en especie, para el pago anticipado de un impuesto. El ejemplo más simple son los incentivos que ofrecen los bancos por domiciliar en ellos la nómina o traspasar su plan de pensiones (*tablets*, vajillas, televisores, etc.). Esos son percepciones en especie y el banco los valora económicamente, calcula el importe del tanto por ciento del IRPF y lo ingresa a cuenta en el Tesoro.

Cuando la suma de las retenciones, ingresos a cuenta y pagos fraccionados sea superior al importe de la cuota resultante de la autoliquidación, la Administración Tributaria procederá a devolver de oficio el exceso sobre la citada cuota, sin perjuicio de la práctica de las posteriores liquidaciones, provisionales o definitivas, que procedan.

Casos prácticos 2

Aplicación de las retenciones en las actividades profesionales

Lucía ha obtenido en el ejercicio económico anterior los siguientes rendimientos económicos:

- Rendimientos del trabajo: 2.000 €.
- Rendimientos de actividades económicas: 10.000 €.

¿Qué tipo de retención deberán aplicar a Lucía sus pagadores en las facturas que les emita este ejercicio económico?

Solución

El tipo a aplicar será del 15%, ya que el volumen de rendimientos íntegros del ejercicio anterior es inferior a 15.000 € y representa más del 75% de los rendimientos íntegros del trabajo y de actividades económicas.

Actividades

4·· Un arquitecto ha creado su propia empresa hace 2 años, ¿qué tipo de retención deben practicarle por el ejercicio de su actividad profesional? ¿Qué requisitos debe cumplir para que le apliquen dicho tipo de retención?

2 >> El Impuesto sobre Sociedades

El **Impuesto sobre Sociedades** es un tributo de carácter directo y naturaleza personal que grava la renta de las sociedades y demás entidades jurídicas.

El Impuesto sobre Sociedades constituye un complemento del IRPF, pues grava la obtención de rentas por personas jurídicas.

2.1 > Elementos del Impuesto sobre Sociedades

Podemos resumir los elementos integrantes de este tributo en la siguiente tabla:

Elementos del Impuesto sobre Sociedades	
Hecho imponible	Constituirá el hecho imponible a efectos de este impuesto, la obtención de renta por el sujeto pasivo, cualquiera que fuese su fuente u origen.
Contribuyente y sujeto pasivo	Las personas jurídicas (excluidas las sociedades civiles que no tengan objeto mercantil) que tengan su residencia en territorio español. Se considerarán residentes en territorio español las entidades en las que concurra alguno de los siguientes requisitos: - Que se hubieran constituido conforme a las leyes españolas. - Que tengan su domicilio social en territorio español. - Que tengan su sede de dirección efectiva en territorio español.
Exenciones	**Totales:** afectan a las administraciones territoriales (Estado, comunidades autónomas y entidades locales) y otras entidades y organismos oficiales (por ejemplo, Banco de España, fondos de garantía de depósitos, entidades gestoras de la Seguridad Social, etc.).
	Parciales: afectan, entre otras, a las entidades e instituciones sin ánimo de lucro; los colegios profesionales, las asociaciones empresariales, las cámaras oficiales y los sindicatos de trabajadores y las mutuas de accidentes de trabajo y enfermedades profesionales de la Seguridad Social que cumplan los requisitos establecidos por su normativa reguladora.
Base imponible	Está constituida por el importe de la renta obtenida en el periodo impositivo minorada por la compensación de bases imponibles negativas de periodos impositivos anteriores.
Tipo impositivo	- Tipo general: 25%. - Entidades de nueva creación que realicen actividades económicas en el primer periodo impositivo en que la base imponible resulte positiva y en el siguiente: 15%. - Sociedades cooperativas fiscalmente protegidas: 20%. - Entidades sin fines lucrativos y actividades de mecenazgo: 10%. - Sociedades y fondos de inversión: 1% - Fondos de pensiones: 0%. - Entidades de crédito y entidades dedicadas a la exploración, investigación y explotación de yacimientos y almacenamientos subterráneos de hidrocarburos: 30%. - Entidades de la Zona Especial Canaria: tributan al tipo de gravamen especial determinado legalmente.
Cuota íntegra	Es la cantidad resultante de aplicar a la base imponible el tipo de gravamen.
Deducciones y bonificaciones	Sirven para minorar la cuota íntegra y calcular la deuda tributaria.
Ámbito de aplicación	Se aplica en todo el territorio español, aunque existen algunas particularidades como los regímenes forales del País Vasco y Navarra.

2.2 > Liquidación del Impuesto sobre Sociedades

Al igual que ocurre en el IRPF, en el Impuesto sobre Sociedades, la determinación de los rendimientos de actividades económicas se lleva a cabo a través del **método de estimación directa** o a través del **método de estimación objetiva.** Además, la ley establece una serie de deducciones y bonificaciones sobre la cuota íntegra.

El esquema básico de liquidación de este impuesto, según el régimen de estimación directa, sería el siguiente:

Resultado contable (saldo de la cuenta de pérdidas y ganancias)	
(+/−)	Ajustes del resultado contable (de carácter fiscal)
(=)	**Base imponible previa**
(−)	Bases imponibles negativas de ejercicios anteriores
(=)	**Base imponible**
(×)	Tipo de gravamen
(=)	**Cuota íntegra**
(−)	Deducciones para evitar la doble imposición
(−)	Bonificaciones
(=)	**Cuota íntegra ajustada positiva**
(−)	Deducciones para incentivar la realización de ciertas actividades
(=)	**Cuota líquida**
(−)	Pagos fraccionados
(−)	Retenciones e ingresos a cuenta
(=)	**Cuota diferencial (a ingresar o devolver)**

Ejemplos

3

Aplicación de ajustes contables de carácter fiscal

La sociedad MACMILSA ha registrado en su cuenta de pérdidas y ganancias un gasto contable por el pago de una sanción administrativa por importe de 1.000 €. Ese gasto contable, atendiendo a la normativa actual del impuesto, no es un gasto deducible fiscalmente, por ello no tendremos que tenerlo en cuenta a los efectos de determinar la base imponible del ejercicio de dicha entidad.

Nos hallaremos ante una diferencia entre la normativa fiscal y la contable, por lo que tendremos que aumentar nuestro resultado contable antes de impuestos en 1.000 € realizando un ajuste extracontable. De esta manera se obtendrá la renta o base imponible previa, que podrá compensarse con las bases imponibles negativas que se tengan pendientes de ejercicios anteriores, y llegaremos a obtener la base imponible del ejercicio.

Actividades

5·· Una empresa con domicilio social en España, dedicada a la realización de prospecciones petrolíferas, ¿tributa por el Impuesto sobre Sociedades? En caso afirmativo, ¿qué tipo impositivo se aplica sobre su base imponible?

Modelos y plazos de presentación de la declaración-liquidación

Al igual que en el IRPF, los contribuyentes del Impuesto sobre Sociedades están obligados a presentar declaración por este, en la que deben determinar la deuda tributaria e ingresarla en el lugar, forma y plazos establecidos en la normativa reguladora del impuesto.

La declaración se presentará dentro de los **25 días naturales siguientes a los seis meses posteriores a la conclusión del periodo impositivo**, que coincidirá con el ejercicio económico de cada entidad. Por ejemplo, en una entidad cuyo ejercicio coincida con el año natural (1 de enero al 31 de diciembre), el plazo de presentación comprendería los primeros 25 días naturales del mes de julio del año siguiente.

La declaración del impuesto se lleva a cabo en el **modelo 200**, que se puede presentar **en modelo impreso, por vía telemática** o **por Internet.**

Presentación del modelo 200 por Internet

La presentación por Internet es obligatoria para las entidades que tengan la forma jurídica de SA o SL, así como para los sujetos pasivos que estén calificados como grandes empresas.

Pagos a cuenta

A la hora de realizar la declaración, son deducibles de la cuota íntegra las retenciones, ingresos a cuenta y pagos fraccionados realizados.

Pagos a cuenta	
Pagos fraccionados	En los **primeros 20 días naturales de los meses de abril, octubre y diciembre,** los contribuyentes deben efectuar un pago fraccionado a cuenta de la liquidación correspondiente al periodo impositivo que esté en curso el día 1 de cada uno de los meses indicado **(Modelo 202).** Existen dos posibilidades para calcular su importe: - Aplicar el **porcentaje del 18%** a la cantidad calculada como base del pago fraccionado en cada uno de los periodos de abril, octubre o diciembre, que será la **cuota íntegra del último periodo impositivo cuyo plazo reglamentario de declaración estuviese vencido** el primer día del mes que corresponda (abril, octubre o diciembre), minorado en las deducciones, bonificaciones, retenciones e ingresos a cuenta correspondientes a aquel. - Los pagos fraccionados también podrán realizarse, a opción del contribuyente, **sobre la parte de la base imponible del periodo de los 3, 9 u 11 primeros meses de cada año,** aplicando un porcentaje determinado del tipo impositivo (**5/7** de este, redondeado por defecto).
Retenciones e ingresos a cuenta	Están obligadas a retener o a efectuar ingresos a cuenta y a ingresar su importe: - Las entidades que satisfagan o abonen rentas sujetas a este impuesto. - Los empresarios individuales y los profesionales respecto de las rentas que satisfagan en el ejercicio de sus actividades empresariales o profesionales. - Las personas físicas, jurídicas y demás entidades no residentes en territorio español que operen en él mediante establecimiento permanente. El sujeto obligado a retener deberá presentar en los plazos, forma y lugares que se establezcan reglamentariamente declaración de las cantidades retenidas o declaración negativa cuando no se hubiera producido la práctica de estas. Asimismo presentará un resumen anual de retenciones con el contenido que se determine reglamentariamente. El tipo general de retención es el **19%.** En el caso de rentas procedentes de la cesión del derecho a la explotación de la imagen o del consentimiento o autorización para su utilización será el **24%,** y en los premios de loterías no exentos del gravamen especial de determinadas loterías y apuestas: **20%** sobre el importe del premio no exento.

Casos prácticos 3

Cálculo del importe del pago fraccionado en el Impuesto sobre Sociedades

La sociedad MACMIL, SA presenta los siguientes datos:

- Datos año 2013: cuota íntegra: 48.000 €. Retenciones: 3.000 €.
- Datos año 2014: cuota íntegra: 44.000 €. Retenciones: 2.800 €.
- Base imponible correspondiente a los primeros tres meses del ejercicio 2015: 100.000 €.
- Base imponible correspondiente a los primeros nueve meses del ejercicio 2015: 300.000 €.
- Tipo impositivo: 25%.

Calcula el importe de los dos primeros pagos fraccionados que debería hacer esa empresa en 2015, según las dos opciones recogidas en la ley.

Solución

Opción A

Primer pago: el primer pago fraccionado se realizará del 1 al 20 de abril de 2015. La base será la cuota íntegra del último periodo impositivo cuyo plazo reglamentario de declaración estuviese vencido el primer día del mes que corresponda, minorado en las deducciones, bonificaciones, retenciones correspondientes a aquel.

En el mes de abril de 2015, aún no se ha presentado la declaración del año anterior (el 2014), por lo que se tomará como base de cálculo la declaración del 2013, que es la última presentada:

$$\text{Importe} = (48.000 - 3.000) \cdot 18\% = 8.100\ €.$$

Segundo pago: el ingreso del segundo pago fraccionado, se realizará del 1 al 20 de octubre. En julio del 2015 ya se ha presentado la declaración del Impuesto sobre Sociedades del año 2014, por lo que se tomarán los datos de este para calcular el pago fraccionado.

$$\text{Importe} = (44.000 - 2.800) \cdot 18\% = 7.416\ €.$$

Opción B

Primer pago: si se elige esta opción de cálculo, el importe correspondiente al primer pago se ingresará también del 1 al 20 de abril, pero en este caso se calculará aplicando el porcentaje de 5/7 del tipo impositivo sobre la parte de la base imponible correspondiente a los primeros tres meses de 2015. Por tanto:

$$\text{Importe} = 100.000 \cdot 25\% \cdot 5/7 = 17.857{,}14\ €.$$

Segundo pago: al igual que en la opción A, en esta opción de cálculo, el segundo pago fraccionado se ingresará del 1 al 20 de octubre, pero variará la forma de cálculo. Ahora el importe del segundo pago se determina aplicando el porcentaje de 5/7 del tipo impositivo sobre la parte de la base imponible correspondiente a los nueve primeros meses de 2015 y restando al resultado el importe del primer pago fraccionado realizado en el mes de abril. Por tanto,

$$\text{Importe} = 300.000 \cdot 25\% \cdot 5/7 = 53.571{,}43 - 17.857{,}14\ (\text{primer pago}) = 35.714{,}29\ €.$$

Actividades

6•• ¿Qué tipo de retención debe practicar un club deportivo sobre la cesión a una sociedad anónima de los derechos de imagen de sus jugadores?

Actividades finales

1·· Indica si los siguientes rendimientos, sujetos al IRPF son rendimientos del trabajo, del capital o de actividades económicas:

a) Salario que percibe el empleado de una fábrica, en virtud de un contrato de trabajo.
b) Importe que cobra el propietario de un taller mecánico por la reparación de un turismo.
c) Intereses que recibimos por las cantidades que tenemos depositadas en una cuenta bancaria.
d) Ingresos de una empresa por la venta de sus productos.

2·· Calcula el rendimiento neto, por el método de estimación directa, de una empresa que presenta los siguientes datos:

- Ingresos: 750.000 €.
- Gastos: 125.000 €.
- Reducciones: 6.000 €.

3·· Un fisioterapeuta, que trabaja en su propia consulta, ha obtenido unos rendimientos netos en el segundo trimestre del año de 7.500 €. Calcula el importe del pago fraccionado correspondiente a dicho trimestre e indica el periodo en el que debe proceder a su ingreso.

4·· La empresa constructora de una promoción de viviendas de obra nueva contrata los servicios de un electricista para que lleve a cabo la instalación eléctrica de estas. ¿Qué tipo de retención de IRPF debe aplicarle? ¿Y si se tratara del año en el que ha iniciado su actividad? ¿Qué requisitos debería cumplir para que la empresa constructora le aplicara dicho tipo de retención?

5·· Indica el tipo de gravamen del Impuesto sobre Sociedades que hay que aplicar en cada uno de los casos siguientes:

a) Fondo de inversión.
b) Entidad de crédito.
c) Fondo de pensiones.
d) Empresa textil.
e) Entidad de nueva creación que realice actividades económicas, en el primer periodo impositivo en que la base imponible resulte positiva.

6·· Una empresa francesa, que tiene su sede de dirección efectiva en Sevilla, ¿tributa por el Impuesto sobre Sociedades?

7·· Indica las diferencias y semejanzas entre el IRPF y el Impuesto sobre Sociedades en relación al cálculo del rendimiento neto por el método de estimación directa.

8·· Una entidad que tributa por el Impuesto sobre Sociedades, por el método de estimación directa, ha obtenido un rendimiento neto, tras el ajuste fiscal, de 24.000 €. Tiene una base imponible del ejercicio anterior de 4.500 €. Calcula la base imponible y su cuota íntegra.

9·· Si el periodo impositivo de una empresa finaliza el día 31 de enero, ¿cuándo debe presentar la empresa la declaración del Impuesto sobre Sociedades?

10·· ¿Qué obligaciones fiscales tiene una empresa dedicada al sector de la seguridad privada, que tributa por el Impuesto sobre Sociedades y presta sus servicios para una entidad financiera?

11·· Señala quienes están obligados a realizar retenciones o a efectuar ingresos a cuenta en el Impuesto sobre Sociedades.

Casos finales

Tributación de las actividades empresariales y profesionales

Julio es fisioterapeuta y trabaja para un equipo de baloncesto mediante un contrato laboral. Además, el 1 de enero del próximo año, tiene previsto abrir su propia clínica con el fin de prestar sus servicios a empresas y particulares.

También colabora en el negocio de su familia (una empresa dedicada a la fabricación y venta de material deportivo).

Tanto su clínica como la empresa familiar se han constituido en España y tienen su domicilio social en territorio español.

En su actividad profesional, aún no sabe cómo va a tributar, ya que desconoce las posibilidades que tiene.

La empresa de su familia tributa por el método que consiste en calcular la diferencia entre ingresos y gastos y posteriormente realizar los ajustes contables necesarios, en caso de que sea preciso realizarlos. Le parece un método complicado para aplicar a su negocio, ya que tiene previsto trabajar solo y en un local pequeño.

Antes de poner en marcha su negocio, desea informarse de todos los trámites administrativos y legales que conlleva, entre ellos los fiscales, ya que desconoce, por ejemplo, en qué consisten las retenciones y los pagos a cuenta o qué son los tipos de gravamen.

Por último, desea conocer los modelos y plazos de presentación de sus declaraciones y si debe hacer pagos fraccionados a cuenta del impuesto a lo largo del año, como ocurre con la empresa de su familia.

a) ¿Por qué impuesto debe tributar Julio en su actividad profesional?
b) ¿La empresa familiar tributa por el mismo impuesto?
c) ¿Cuál es el método de estimación de la renta que aplica la empresa de su familia?
d) Si Julio no desea tributar por ese método, ¿qué alternativa tiene?
e) Explícale en qué consisten las retenciones y los pagos a cuenta y qué son los tipos de gravamen.
f) ¿Cuáles son los modelos y plazos de presentación de sus declaraciones? ¿Y los de la empresa de su familia?

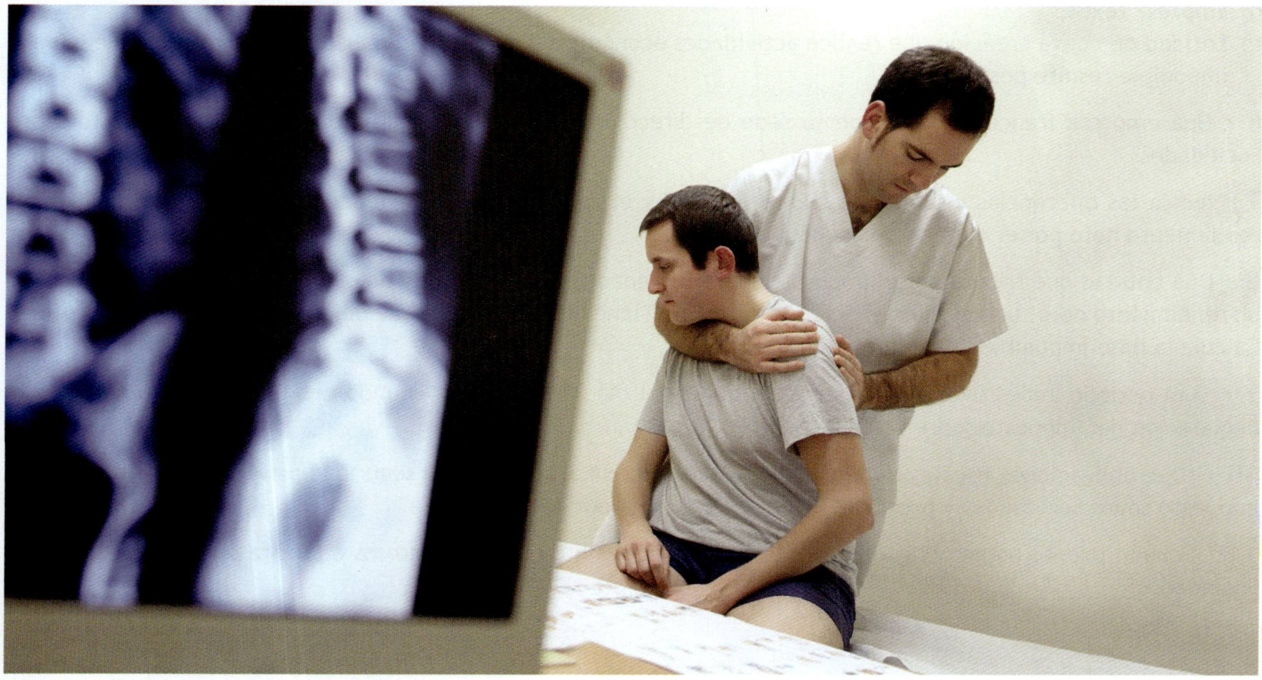

Autoevaluación

1. A efectos del IRPF, los sueldos y salarios son:

a) Rendimientos del trabajo.
b) Rendimientos de actividades económicas.
c) Rendimientos del capital.
d) Ganancias patrimoniales.

2. Las personas físicas que desarrollan directamente actividades empresariales o profesionales (empresarios individuales o autónomos) están sometidas a tributación por las rentas obtenidas en:

a) El IRPF.
b) Impuesto sobre Sociedades.
c) Los dos.
d) Ninguna es correcta.

3. El método de estimación de la renta, popularmente conocido como "módulos", es el:

a) Método de estimación directa.
b) Método de estimación directa simplificada.
c) Método de estimación objetiva.
d) Método de estimación subjetiva.

4. La cantidad que se detrae de un sueldo, salario u otra percepción dineraria para el pago anticipado de un impuesto se llama:

a) Ingreso a cuenta.
b) Retención.
c) Pago fraccionado.
d) Gravamen.

5. El tipo de retención del IRPF para actividades cuyo volumen de rendimientos íntegros del ejercicio anterior sea inferior a 15.000 € y represente más del 75% de los rendimientos íntegros del trabajo y de actividades económicas es del:

a) 20%.
b) 9%.
c) 15%.
d) 19%.

6. Se consideran residentes en territorio español a efectos del Impuesto sobre Sociedades a:

a) Las sociedades constituidas conforme a las leyes españolas.
b) Las sociedades que tengan su domicilio social en territorio español.
c) Las que tengan su sede de dirección efectiva en territorio español.
d) Todas son correctas.

7. El importe de cada uno de los pagos fraccionados en el Impuesto sobre Sociedades es el resultado de aplicar sobre la cantidad calculada como base del pago fraccionado en cada uno de los periodos de abril, octubre o diciembre el porcentaje del:

a) 25%.
b) 18%.
c) 20%.
d) 24%.

8. Se consideran pagos a cuenta del IRPF:

a) Los pagos fraccionados.
b) Las retenciones.
c) Los ingresos a cuenta.
d) Todas son correctas.

9. El modelo para realizar el pago fraccionado por el método de estimación objetiva en el IRPF es el:

a) Modelo 131.
b) Modelo 130.
c) Modelo 200.
d) Modelo 202.

10. Para calcular el rendimiento neto por el método de estimación directa en el Impuesto sobre Sociedades, la compensación de bases imponibles negativas de periodos anteriores se efectúa:

a) Antes de realizar el ajuste contable.
b) Después de realizar el ajuste contable.
c) Antes de calcular el resultado contable.
d) Ninguna es correcta.

Unidad 4

Derecho y división de poderes

Preguntas iniciales

1·· Cuando hablamos de Derecho, ¿a qué nos referimos?

2·· ¿Qué son las normas jurídicas? ¿Cómo se aprueban?

3·· ¿Cuáles son los poderes del Estado?

4·· ¿En qué año se aprobó la actual Constitución Española?

En esta unidad aprenderás a...

- Distinguir los tipos de Derecho y sus fuentes.
- Reconocer las diferentes normas que componen el ordenamiento jurídico.
- Clasificar las normas jurídicas según su importancia.
- Diferenciar los poderes del Estado, su composición y funciones.

- **DERECHO Y DIVISIÓN DE PODERES**
  - **Derecho**
    - Público
    - Privado
  - **Fuentes del Derecho**
    - Ley
    - Costumbre
    - Principios generales del Derecho
    - Jurisprudencia
  - **Ordenamiento jurídico**
  - **Jerarquía de las normas**
  - **Separación de poderes**

Para el proyecto final

- Diferenciarás los tipos de Derecho.
- Reconocerás las diferentes normas que componen el ordenamiento jurídico.
- Distinguirás las instituciones encargadas de aprobar las leyes y las encargadas de aplicarlas.
- Identificarás los distintos órganos judiciales.

1 >> El Derecho

Derecho Positivo

Es el conjunto de normas jurídicas escritas, vigentes en un Estado y que han sido creadas por el poder legislativo.

Todos hemos oído hablar del término *Derecho* y, aunque no seamos conscientes, está presente en muchas facetas de la vida cotidiana.

Desde el punto de vista de las relaciones humanas, se puede definir el **Derecho** como un conjunto de principios y normas que sirven para regular la convivencia en una sociedad.

CARACTERÍSTICAS DE LAS NORMAS JURÍDICAS

- Son de obligado cumplimiento
- Su elaboración y aplicación se guia por la idea de justicia

Clases de Derecho

Existen muchas clasificaciones del Derecho, pero desde el punto de vista de la Administración Pública, la que más nos interesa es la que clasifica al Derecho en Público y Privado.

Tipos de Derecho	Características	Ramas
Derecho Público	Es el encargado de regular las relaciones en las que toma parte la Administración cuando actúa ejerciendo las funciones públicas que son el objeto de su actividad.	Derecho Administrativo Derecho Penal Derecho Fiscal
Derecho Privado	Se ocupa de regular las relaciones que se establecen entre los particulares, teniendo en cuenta que en ocasiones la Administración también puede actuar como si se tratase de un particular.	Derecho Laboral Derecho Civil Derecho Mercantil

Ejemplos

1

Derecho Público y Derecho Privado

Cuando una Consejería de Educación establece las normas y procedimientos de matriculación en un ciclo formativo, está ejerciendo una función pública, y su actuación se rige por normas de Derecho Público.

Sin embargo, cuando tiene que comprar un ordenador o material de oficina para sus trabajadores, actúa como lo haría cualquier particular y, por lo tanto, esta actuación se rige por normas de Derecho Privado.

Actividades

1·· Un grupo de alumnos considera que algunas de las normas de convivencia del centro no son justas. ¿Podrían dejar de cumplirlas? ¿Qué ocurriría si las incumplieran?

2·· Javier trabaja como funcionario en el área de deportes del Ayuntamiento de su localidad. En las fiestas van a organizar una carrera popular y deben comprar los trofeos para entregar a los ganadores. ¿Esa compra se rige por normas de Derecho Público o Privado? Justifica tu respuesta.

2 >> Fuentes del Derecho

En toda sociedad es necesario que existan unas normas, pero estas tienen que ser creadas por alguien, tienen que surgir de algún sitio y han de manifestarse de forma que puedan llegar a ser conocidas por todos.

El término **fuentes del Derecho** nos sirve para identificar cómo surgen las normas, el lugar del que emanan y la forma en que son conocidas.

Fuentes del derecho	Características
Ley	Es una norma de alcance general y de obligado cumplimiento, emanada del poder legislativo conforme a un procedimiento establecido.
Costumbre	Es una norma no escrita, constituida por la repetición de forma continua y uniforme, a lo largo del tiempo, de los mismos actos, en una comunidad, con ánimo de que esos actos se conviertan en una norma de conducta obligatoria. - Solo se puede utilizar si no existe una ley aplicable. - Como es una norma no escrita, ha de ser probada, en cada caso, por la parte que la alegue.
Principios generales del Derecho	Normas no escritas que informan y fundamentan el origen y aplicación de la normativa. Sirven para interpretar el Derecho y solo son aplicables en defecto de ley y costumbre. Por ejemplo, el principio *non bis in idem*, prohíbe sancionar dos o más veces a una persona por el mismo delito y el principio *nulla pena sine lege* prohíbe imponer sanciones no establecidas previamente en la ley.
Jurisprudencia	Es la doctrina establecida y reiterada por el Tribunal Supremo al interpretar y aplicar las normas jurídicas.

Casos prácticos 1

La costumbre

Ante un juez se plantea un caso y no existe ley aplicable para resolverlo.

a) ¿Qué ocurre si una de las partes alega la existencia de una costumbre aplicable?
b) Si ninguna de las partes alega la existencia de una costumbre aplicable, ¿cómo deberá resolver el juez?

Solución

a) La parte que alegue la costumbre deberá demostrar su existencia, ya que los jueces no tienen la obligación de conocer todas las costumbres aplicables. Si la demuestra, el juez resolverá aplicando la costumbre.
b) Si no hay ley ni costumbre aplicables al caso, el juez debe resolver según los Principios Generales del Derecho.

Actividades

3·· En una pequeña localidad, tradicionalmente cada vecino debe ejercer las funciones de alguacil durante un año. Este año, el vecino responsable de ejercer dichas funciones se niega a llevarlas a cabo. ¿Se podría considerar que está incumpliendo una norma jurídica?

4·· Si durante un proceso judicial un juez tiene dudas acerca de cómo se debe interpretar una norma jurídica, ¿qué fuente del Derecho debería utilizar para resolver? ¿Por qué?

3 >> El ordenamiento jurídico

En cualquier país, conviven en un momento determinado muchos tipos distintos de normas jurídicas, que deben agruparse de forma ordenada.

El **ordenamiento jurídico** es el conjunto ordenado de las normas jurídicas que están vigentes en un lugar determinado.

En concreto, el ordenamiento jurídico español está compuesto por las siguientes normas jurídicas: **Constitución, tratados internacionales y normativa de la Unión Europea, leyes, disposiciones con rango de ley y normas con rango inferior a la ley.**

Constitución de 1978

Características de la Constitución de 1978	
Norma suprema	La Constitución es la norma más importante del ordenamiento jurídico español; por ello, ninguna otra norma puede contradecirla. Contiene los principios básicos de organización del Estado y sus instituciones, así como los derechos y deberes fundamentales de los ciudadanos.
Norma democrática	Fue aprobada por las Cortes Generales y ratificada, mediante referéndum, por el pueblo español del 6 de diciembre de 1978.
Norma escrita y extensa	Es una norma jurídica recogida por escrito y en un solo texto. Comparándola con anteriores constituciones españolas y con las de otros países de nuestro entorno, es una constitución extensa, pues consta de 169 artículos.
Norma rígida	Si nos fijamos en el procedimiento establecido para su reforma, se trata de una norma rígida, lo que quiere decir que es muy difícil reformarla (se requieren mayorías especiales, referéndum, etc.); si fuera fácil, diríamos que es una norma flexible.

Tratados internacionales y normativa de la Unión Europea

España puede establecer acuerdos con otros países y organizaciones internacionales que, una vez publicados oficialmente en España (en el Boletín Oficial del Estado), formarán parte del ordenamiento interno.

Solo se podrá celebrar un tratado internacional que contenga estipulaciones contrarias a la Constitución si esta se reforma previamente.

Leyes

Son las normas jurídicas aprobadas por el Parlamento. Se dividen en:

- **Leyes orgánicas:** son las que regulan los derechos fundamentales y libertades públicas, régimen electoral, Estatutos de Autonomía y cualquier otro asunto que establezca la Constitución.
- **Leyes ordinarias:** cualquier otra ley que no trate sobre los asuntos reservados a ley orgánica.

La diferencia fundamental en su proceso de elaboración reside en que las leyes orgánicas deben ser aprobadas por **mayoría absoluta** del Congreso de los Diputados en una votación final sobre el proyecto, mientras que en la votación final de las leyes ordinarias basta con la **mayoría simple**.

Mayoría absoluta y mayoría simple

Mayoría absoluta: es la que requiere el voto favorable de la mitad más uno de los miembros que componen el censo de votantes.

Mayoría simple: es la que se alcanza con el voto favorable de la mayoría de miembros presentes en la votación.

Dentro de las competencias que tienen asumidas, las comunidades autónomas también pueden elaborar, por medio de sus respectivas Asambleas Legislativas, leyes, que no podrán ser orgánicas (pues esas competencias solo corresponden al Estado) y que solo serán aplicables dentro del territorio de esa comunidad autónoma.

Requisitos para que una ley pueda ser aplicada	
Aprobación	Es necesario que la ley sea aprobada con la mayoría (simple o absoluta) establecida en cada caso.
Sanción y promulgación	Las leyes deben ser sancionadas y promulgadas por el rey. La sanción es un acto por el cual el rey firma la ley, confirmándola y aprobándola. La promulgación es otro acto solemne en el que el rey manda a los poderes públicos y ciudadanos que cumplan esa ley.
Publicación	Las leyes deben ser publicadas íntegramente en el Boletín Oficial del Estado (BOE), para que puedan ser conocidas por todos los ciudadanos.
Entrada en vigor	Una norma solo podrá ser aplicada si previamente ha entrado en vigor. Las normas jurídicas entrarán en vigor a los 20 días de su íntegra publicación en el BOE, salvo que en ellas se disponga otra cosa (puede establecerse un plazo mayor o menor).

Casos prácticos 2

Ley orgánica y ley ordinaria

Se presentan ante el Congreso de los Diputados tres proyectos de ley, uno para reformar un Estatuto de Autonomía, otro para modificar la ley reguladora de la educación pública y un tercero para regular el arrendamiento (alquiler) de viviendas

a) ¿Qué tipo de ley será necesario aprobar en cada caso?

b) El Congreso de los Diputados cuenta con 350 diputados, pero el día que se lleva a cabo la votación final de ambos proyectos solo asisten 280. ¿Cuántos votos serán necesarios para aprobar cada una de las leyes?

Solución

a) Hay que diferenciar los tres supuestos:

- Los Estatutos de Autonomía tienen rango de ley orgánica, y como tal han de aprobarse.
- El derecho a la educación está recogido en el artículo 27 de la Constitución Española, como uno de los derechos fundamentales, por lo que también deberá ser regulado mediante ley orgánica.
- El arrendamiento o alquiler de viviendas no requiere ningún requisito especial y se regula mediante una ley ordinaria (Ley de Arrendamientos Urbanos).

b) Habría que diferenciar los proyectos de ley orgánica y el de ley ordinaria:

- Los dos proyectos de ley orgánica (Estatuto de Autonomía y Educación) deben aprobarse en votación final, por mayoría absoluta, es decir, deben contar con el voto favorable de la mitad más uno de los de los miembros del Congreso de los Diputados. Por tanto: (350/2) + 1 = 176 votos favorables.
- En cambio, para aprobar el proyecto de ley ordinaria de arrendamientos, sería suficiente que votara a favor de este la mayoría de los miembros presentes en la votación. Por tanto: (280/2) + 1 = 141 votos favorables.

Normas jurídicas emanadas del ejecutivo

Además de las funciones de dirigir la política interior y exterior del Estado, el Gobierno también tiene potestad para dictar normas jurídicas que pueden ser de diversos tipos.

<table>
<tr><th colspan="4">Normas jurídicas emanadas del ejecutivo</th></tr>
<tr><td rowspan="3">Con rango de ley</td><td rowspan="3">En determinadas ocasiones, el Gobierno puede aprobar normas con rango de ley, siempre que cuente con la autorización y el control de las Cortes Generales y que no se trate de temas reservados a ley orgánica.</td><td colspan="2">Reales decretos leyes: solo se pueden aprobar en casos de urgente y extraordinaria necesidad, que deberá acreditarse.
Se elaboran por el Gobierno pero deben ser refrendadas por el Parlamento.</td></tr>
<tr><td rowspan="2">Reales Decretos Legislativos: el Parlamento autoriza al Gobierno para que elabore normas con rango de ley.</td><td>Textos articulados: el Parlamento aprueba una ley de bases en la que fija los criterios que debe seguir el Gobierno para elaborar el texto articulado.</td></tr>
<tr><td>Textos refundidos: cuando existe una pluralidad de textos legales que regulan una misma materia, se encomienda al Gobierno que los unifique en un único texto para simplificar su regulación legal (por ejemplo, Texto Refundido de la Ley de Contratos del Sector Público).</td></tr>
<tr><td>Con rango inferior a la ley</td><td>Son normas de menor rango jerárquico, denominadas reglamentos, y pueden ser dictados por Órganos del Gobierno, de las comunidades autónomas y de la Administración Local.</td><td colspan="2">- Reales decretos: provienen del Consejo de Ministros.
- Órdenes: emanan de las Comisiones Delegadas del Gobierno.
- Órdenes ministeriales: proceden de un ministerio determinado.
- Normas de rango inferior: resoluciones, instrucciones, circulares, decretos, ordenanzas, reglamentos, etc. Provienen de órganos de rango inferior del Estado y las Administraciones autonómica y local.</td></tr>
</table>

Casos prácticos 3

Normas con rango de ley

¿En qué se diferencia un decreto-ley de un decreto legislativo?

Solución

Ambas son normas que dicta el Gobierno con rango de ley y, por tanto, son excepciones al principio de que las normas con rango de ley son emitidas por el Parlamento. Las diferencias son las siguientes:

- **Decretos-leyes:** solo pueden dictarse en caso de extraordinaria y urgente necesidad y requieren que el Congreso los convalide o derogue en el plazo de treinta días desde su promulgación.
- **Decretos legislativos:** tienen que ser autorizados por el Congreso antes de su elaboración. No se dictan por motivo de urgencia sino para refundir varios textos legales en uno solo o para dictar un texto articulado, dentro de los límites de una ley de bases.

Actividades

5·· Recientemente, se han producido unas inundaciones en una zona del país y muchas personas se han visto afectadas, ya que han perdido sus viviendas y sus bienes. Ante esta situación, el Gobierno decide conceder unas ayudas económicas urgentes a estas personas. ¿Cuál sería la norma jurídica más apropiada para aprobar dichas ayudas?

4 >> Jerarquía de las normas

La enorme cantidad de normas que integran nuestro ordenamiento jurídico hace necesaria una ordenación jerárquica de estas que, en caso de conflicto, indique cuál tendrá un rango superior y cuál un rango inferior y, en consecuencia, cuál se aplicará preferentemente.

En aplicación de este principio de jerarquía normativa, el ordenamiento jurídico tiene una estructura similar a una pirámide, en la cima de la cual está la Constitución, que es la norma suprema. Bajo ella, estarían el resto de las normas, escalonadas según su rango (según bajáramos en la pirámide, cada vez habría más normas y cada vez de menor rango).

Consecuencias del principio de jerarquía normativa	
La norma de rango superior prevalece sobre la inferior	
Si dos normas que regulan la misma materia son del mismo rango	Prevalece la que trate el caso de forma más específica, respecto a la más general.
	Si las dos regulan el caso de la misma forma, prevalece la norma más moderna sobre la más antigua.

Cualquier norma jurídica que infrinja este principio no sería válida. Si infringe lo dispuesto en la Constitución, sería inconstitucional.

Por esto, en caso de que se quisiera celebrar un tratado internacional que incluyera disposiciones contrarias a lo establecido en la Constitución, sería necesario reformar esta previamente.

Jerarquía de las normas de la Unión Europea

Mediante ley orgánica, se puede autorizar la celebración de tratados por los que se atribuya a una institución internacional el ejercicio de competencias derivadas de la Constitución.

Por ello, tras la entrada de España en la Unión Europea, los órganos de esta pueden crear normas de obligado cumplimiento en España, que serán preferentes sobre el ordenamiento interno español.

Actividades

6·· Existen dos normas jurídicas que regulan la misma materia. La más antigua es de rango superior a la más moderna. ¿Cuál debería aplicarse preferentemente?

5 >> La separación de poderes

Derechos fundamentales

Están recogidos en el Título I de la Constitución Española. Algunos de ellos son:

- Derecho a la vida y a la integridad física y moral.
- Derecho a la libertad ideológica, religiosa y de culto.
- Derecho a la libertad y a la seguridad.
- Derecho de reunión.
- Derecho de asociación.
- Derecho a la educación.

La Constitución define a España como un **Estado social y democrático de Derecho**, cuyos fundamentos son:

- La **soberanía reside en el pueblo español**, del que emanan los poderes del Estado.
- El reconocimiento de los **derechos fundamentales y las libertades públicas** de los ciudadanos
- **El principio de legalidad:** la actuación de los poderes está sujeta a la Constitución y al resto del ordenamiento jurídico.
- La **división de poderes** (legislativo, ejecutivo y judicial) entre diferentes órganos del Estado con el fin de garantizar su independencia en la aprobación, ejecución y cumplimiento de las normas.

5.1 > El poder legislativo

Como su nombre indica, el poder legislativo, tiene como misión fundamental producir las disposiciones legislativas, como representante del pueblo, por el cual es elegido.

En concreto, en nuestro Derecho, tiene reconocidas estas funciones:

- Aprobar las leyes.
- Controlar al poder ejecutivo.
- Aprobar los Presupuestos Generales del Estado.
- Cualquier otra que le atribuya la Constitución.

En España, el ejercicio del poder legislativo corresponde a las **Cortes Generales**, integradas por dos cámaras: el **Congreso de los Diputados** o Cámara Baja y el **Senado** o Cámara Alta, elegidas para un periodo de **cuatro años**, por sufragio universal, libre igual, directo y secreto.

Cámaras	Características
Congreso de los Diputados	También denominado Parlamento, se compone de un mínimo de 300 y un máximo de 400 diputados (actualmente 350). La circunscripción electoral es la provincia y en ella se elige a los diputados de forma proporcional a su población.
Senado	Es la cámara de representación territorial. Los senadores se eligen atribuyendo el mismo número a cada provincia (4), islas mayores (3) y menores (1) y a las ciudades de Ceuta y Melilla (2). Además, cada comunidad autónoma elegirá un senador y otro más por cada millón de habitantes. Actualmente está compuesto por 266 senadores.

Inviolabilidad e inmunidad

Los diputados y senadores gozan de **inviolabilidad** por las opiniones manifestadas en el ejercicio de sus funciones.

También gozan de **inmunidad**, por lo que no pueden ser procesados sin la previa autorización de la Cámara correspondiente y solo pueden ser detenidos en caso de flagrante delito.

Ambas cámaras funcionan de forma muy semejante: sus miembros se agrupan según su ideología política en grupos parlamentarios y gozan de **inmunidad** e **inviolabilidad** para proteger el ejercicio de sus funciones constitucionales.

Sus órganos de gobierno son el **Presidente** y la **Mesa**, elegidos de entre sus miembros. Para llevar a cabo sus funciones, el Congreso y el Senado cuentan con diferentes órganos; los más importantes son el **Pleno** o reunión de todos los diputados o senadores y las **comisiones**, grupos reducidos de diputados o senadores que preparan las decisiones que han de tomarse en el Pleno (por ejemplo, Comisión Constitucional, Comisión de Asuntos Exteriores, etc.).

5.2 > El poder ejecutivo

La Constitución Española dedica su Título IV a regular el poder ejecutivo, atribuyéndolo al Gobierno y a la Administración Pública.

El Gobierno

El Gobierno es el órgano encargado del **Poder Ejecutivo**; dirige la política interior y exterior, la Administración civil y militar y la defensa del Estado, ejerciendo la función ejecutiva y la potestad reglamentaria de acuerdo con la Constitución y las leyes.

Miembros del Gobierno	
Presidente del Gobierno	Dirige la acción del Gobierno, elige a los ministros y coordina su acción. El presidente del gobierno es propuesto por el rey al Congreso de los Diputados, de entre sus miembros, después de cada renovación y en los demás supuestos constitucionales que así proceda. El Congreso deberá otorgar su confianza al candidato propuesto, por mayoría absoluta en primera votación o mayoría simple en segunda. Si no obtuviera la confianza, el rey deberá proponer otro nuevo candidato.
Vicepresidentes	Si existen (no son preceptivos), les corresponderá el ejercicio de las funciones que les encomiende el presidente.
Ministros	Son los titulares de los departamentos ministeriales. Dirigen los sectores de actividad administrativa integrados en su ministerio y asumen la responsabilidad derivada de dicha dirección.

Según los asuntos a tratar, sus miembros se reúnen en **Consejo de Ministros** y **Comisiones delegadas del Gobierno**.

La Administración

La Administración está formada por un conjunto de órganos y organismos públicos cuya misión es colaborar con el Gobierno para la consecución de sus objetivos.

Aunque los términos Gobierno y Administración suelen confundirse, en la práctica, el Gobierno es el órgano responsable de las actividades políticas, mientras que la Administración es la encargada de llevar a cabo las funciones administrativas necesarias para gobernar. El artículo 103 de la Constitución establece que:

> **La Administración Pública sirve con objetividad a los intereses generales y actúa de acuerdo con los principios de eficacia, jerarquía, descentralización, desconcentración y coordinación, con sometimiento pleno a la ley y al Derecho.**

Descentralización y desconcentración

La **descentralización** consiste en el reparto de competencias entre diferentes Administraciones o entes territoriales.

La **desconcentración** es el traspaso de competencias o funciones entre órganos de la misma administración.

Actividades

7·· Si el poder legislativo es el encargado de producir las leyes, ¿tiene alguna posibilidad el Gobierno, que representa al poder ejecutivo, de producir normas jurídicas?

8·· ¿En qué consiste la potestad reglamentaria encomendada al Gobierno?

5.3 > El poder judicial

La Constitución Española establece que la potestad para juzgar y hacer ejecutar lo juzgado corresponde exclusivamente a los juzgados y tribunales determinados por las leyes, que estarán integrados por jueces y magistrados independientes, inamovibles, responsables y sometidos únicamente al imperio de la ley.

Organización jurisdiccional española	
Ámbito	**Órgano judicial**
Estatal	- Tribunal Supremo. - Audiencia Nacional. - Juzgados Centrales de lo Penal, de lo Contencioso Administrativo, de Instrucción, de Menores y de Vigilancia Penitenciaria.
Autonómico	- Tribunales Superiores de Justicia de las comunidades autónomas.
Provincial	- Audiencias Provinciales. - Juzgados de lo Mercantil, de Menores, de Vigilancia Penitenciaria, de lo Penal, de lo Contencioso Administrativo y de lo Social.
Partido judicial	- Juzgados de Primera Instancia o Instrucción y Juzgados de Vigilancia sobre la Mujer.
Municipal	- Juzgados de Paz.

El órgano encargado del gobierno de los jueces y magistrados es el **Consejo General del Poder Judicial**, que estará integrado por el presidente del Tribunal Supremo, que lo presidirá, y por veinte **miembros** (denominados vocales) elegidos por el Congreso y por el Senado.

El Tribunal Constitucional

La Constitución de 1978 creó el Tribunal Constitucional como órgano encargado de su defensa e intérprete supremo de ella.

Es un órgano independiente, **no forma parte del poder judicial** y solo está sometido a la Constitución y a su propia Ley Orgánica.

La competencia jurisdiccional

Para poder determinar qué órgano, dentro de todos los que integran la organización jurisdiccional, será el encargado de juzgar una determinada materia, se ha creado la competencia.

La **competencia jurisdiccional** es la potestad que permite individualizar, dentro de los órganos judiciales, el que, en un caso concreto, está llamado a ejercer la función jurisdiccional, con exclusión de los demás.

Tipos de competencia jurisdiccional	
Objetiva	Distribuye el conocimiento de los asuntos en función del orden jurisdiccional (civil, penal, contencioso administrativo o social) y, dentro de él, en función de la persona o materia (por ejemplo, en función de la gravedad de la pena o del cargo público del acusado).
Territorial	Es la que distribuye el conocimiento de una materia, entre órganos con la misma competencia objetiva, en función de la vinculación territorial de las partes o del asunto.
Funcional	Partiendo de que en cada proceso judicial deben intervenir varios órganos judiciales (por causa de los recursos), indica qué órgano será competente en cada fase.

Actividades

9·· ¿Por qué crees que es importante que exista separación entre los tres poderes del Estado?

Actividades finales

1·· Señala si las siguientes actividades están reguladas por normas de Derecho Público o de Derecho Privado:

a) Compra de bienes en un supermercado por un particular.
b) Sanción por retraso en el pago de un tributo.
c) Pago del alquiler del edificio donde tiene su sede una oficina municipal.
d) Demanda de una empresa a otra por incumplimiento de contrato.
e) Investigación policial de un delito.
f) Adquisición de una ambulancia para el centro de salud.

2·· Una organización internacional desea firmar un acuerdo de cooperación con España. ¿Existe algún tipo de límites para llevar a cabo dicha firma?

3·· ¿Qué tipo de norma jurídica habrá de aprobar el parlamente en caso de que desee modificar el régimen electoral general?

4·· Una ley es aprobada por el Parlamento el día 8 de febrero de 20XX y en ella no se dice nada acerca de su entrada en vigor. ¿Cuándo entraría en vigor?

5·· En una materia existe una pluralidad de normas jurídicas, lo que genera una gran inseguridad jurídica a la hora de encontrar la norma aplicable a un caso concreto. ¿Podrían unificarse todas esas normas en una sola? ¿Qué procedimiento habría que seguir?

6·· ¿Crees que es necesario que los diputados y senadores sean inviolables e inmunes en el ejercicio de sus funciones constitucionales?

7·· ¿Estaría dentro de las funciones del Congreso solicitar a los miembros del gobierno aclaraciones en relación a las decisiones que han tomado? ¿De qué función se trataría?

8·· ¿Cómo se organizan los miembros del Congreso para preparar las decisiones que han de tomar posteriormente?

9·· Si somos los ciudadanos los que participamos con nuestras votaciones en las elecciones legislativas, ¿por qué son los diputados los que eligen al presidente del Gobierno?

10·· Partiendo de los conceptos de Gobierno y Administración Pública que hemos visto, indica cuáles de las siguientes entidades pertenecen a cada uno de ellos:

a) Comisión Delegada del Gobierno.
b) Ministerio de Educación.
c) Consejo de Ministros.
d) Tesorería General de la Seguridad Social.

11·· Un juzgado dicta una sentencia en un procedimiento judicial, ¿en ese momento termina su función? ¿Qué ocurriría si no se cumpliera la sentencia?

12·· Óscar quiere interponer una demanda civil por un problema que ha tenido con su comunidad de vecinos. ¿Cómo puede saber ante qué órgano judicial interponerla?

13·· Si el Tribunal Constitucional no forma parte del poder judicial, ¿qué tipo de asuntos puede tratar?

14·· ¿Qué relación existe entre los poderes legislativo y judicial?

15·· Busca en Internet cómo están organizados la Audiencia Provincial de tu provincia y el Tribunal Superior de Justicia de tu comunidad autónoma e indica las semejanzas y diferencias que encuentres entre ambos órganos.

Casos finales

Jerarquía de las normas jurídicas y competencia jurisdiccional

Los vecinos de una comunidad de propietarios de nueva construcción han tenido un problema en los garajes de sus viviendas, ya que, después de unos días de fuertes lluvias, han aparecido un gran número de goteras.

Han reclamado a la empresa constructora para que repare dichas goteras, pero esta les ha contestado que legalmente no es responsable.

Hay dos normas jurídicas que serían aplicables a esta cuestión: una ley de 1998 y un real decreto de 2010 que desarrolla y especifica el contenido de la ley.

Los vecinos consideran que es aplicable la ley de 1998, que les da la razón, por tratarse de la norma más importante.

La empresa constructora, por su parte, alega que debería ser aplicable el real decreto de 2010, que es el que les da la razón a ellos, porque no solo es más específico respecto a la materia discutida, sino que, además es la norma jurídica más reciente.

Al no llegar a ningún acuerdo, los vecinos deciden emprender acciones legales y demandar a la empresa ante los tribunales para exigirle que cumpla y asuma sus obligaciones reparando las goteras.

Para elaborar su demanda, buscan posibles sentencias anteriores dictadas por diferentes Tribunales, entre ellos el Tribunal Supremo, con el fin de analizar cómo se han resuelto casos similares, con el objetivo de que puedan servir del base al órgano judicial que debe entender del asunto, a la hora de tomar una decisión.

También analizan si existe alguna norma aprobada por la Asamblea Legislativa de su comunidad autónoma con el fin de determinar si puede aplicarse al caso.

Ante esta situación, responde las siguientes preguntas:

a) Analiza las posturas de las dos partes y si su razonamiento es correcto desde el punto de vista de la jerarquía de las normas.
b) A tenor de los datos de que disponemos, ¿qué norma habría que aplicar para resolver el asunto?
c) Imagina que el caso propuesto ha sucedido en tu localidad. ¿Ante que órgano judicial se debería interponer la demanda en función de la competencia objetiva y territorial?
d) ¿A qué tipo de fuente del Derecho se refieren los vecinos de este caso cuando buscan posibles sentencias anteriores dictadas por el Tribunal Supremo, que sirvan de referencia al órgano judicial que tiene que resolver el asunto?
e) Si existiera alguna norma autonómica aplicable al caso, ¿tendría preferencia en cuanto a su aplicación sobre las normas estatales?

Autoevaluación

1. ¿Cómo se llama el Derecho que regula las relaciones en las que toma parte la Administración cuando actúa ejerciendo las funciones públicas que son el objeto de su actividad?

a) Derecho Público.
b) Derecho Privado.
c) Derecho Internacional.
d) Ninguna es correcta.

2. Son ramas del Derecho Público:

a) Derecho Administrativo.
b) Derecho Civil.
c) Derecho Mercantil.
d) Todas son correctas.

3. ¿Cuál de las siguientes normas emana del poder legislativo?

a) La costumbre.
b) Los reales decretos-leyes.
c) Los reales decretos legislativos.
d) La ley.

4. Son características de la Constitución:

a) Norma suprema.
b) Norma democrática.
c) Norma rígida.
d) Todas son correctas.

5. Son normas con rango de ley:

a) Los reglamentos.
b) Los reales decretos-leyes.
c) Los reales decretos legislativos.
d) La b y c son correctas.

6. Las comunidades autónomas:

a) No pueden elaborar leyes.
b) Solo pueden elaborar reglamentos.
c) Pueden elaborar leyes orgánicas.
d) Pueden elaborar leyes.

7. En caso de que dos normas de igual rango regulen la misma materia:

a) Se aplica la que elija libremente el tribunal.
b) Tiene preferencia la norma más antigua respecto a la más reciente.
c) Prevalece la norma más específica sobre la más general.
d) Ninguna es correcta.

8. Indica la respuesta correcta sobre el Congreso de los Diputados:

a) Cuenta con un mínimo de 350 y un máximo de 450 diputados.
b) Es la Cámara Baja.
c) La circunscripción electoral es el municipio.
d) Se elige por un periodo de cinco años.

9. El órgano donde se reúnen todos los ministros del Gobierno se llama:

a) Comisión Delegada del Gobierno.
b) Consejo de Gobierno.
c) Consejo de Ministros.
d) Ministerio.

10. La competencia jurisdiccional que distribuye el conocimiento de los asuntos en función del orden jurisdiccional (civil, penal, contencioso administrativo o social) es:

a) Competencia territorial.
b) Competencia objetiva.
c) Competencia funcional.
d) Competencia autonómica.

Unidad 5

Administración General del Estado, Autonómica y Local

Preguntas iniciales

1·· ¿Qué son para ti los ministerios?

2·· ¿Sabes cómo se organiza territorialmente el Estado?

3·· ¿Conoces cuáles son los órganos básicos de las comunidades autónomas?

4·· ¿Qué crees que son las Diputaciones Provinciales?

5·· ¿Has tenido que realizar algún trámite en tu Ayuntamiento?

En esta unidad aprenderás a...

- Distinguir las Administraciones General del Estado, Autonómica y Local.
- Identificar las competencias atribuidas la Administración General del Estado, a la Autonómica y a la Local.
- Clasificar los órganos que componen cada una de las Administraciones Públicas.

- **ADMINISTRACIÓN GENERAL DEL ESTADO, AUTONÓMICA Y LOCAL**
  - **Administración General del Estado**
  - **La Administración Autonómica**
    - Estatutos de Autonomía
    - Reparto de competencias
    - Organización autonómica
  - **La Administración Local**
    - Tratados
    - Modificaciones

Para el proyecto final

- Distinguirás la organización y funciones de las diferentes Administraciones Públicas.
- Identificarás las competencias de cada una de las Administraciones Públicas.

1 >> La Administración General del Estado

La Administración está formada por un **conjunto de órganos** cuya misión es **servir con objetividad** y **sometimiento pleno a la ley y al Derecho**, a los intereses generales de los ciudadanos, desarrollando funciones ejecutivas de carácter administrativo.

Llevará a cabo todas estas tareas, actuando de acuerdo con los principios de **eficacia**, **jerarquía**, **descentralización**, **desconcentración** y **coordinación.**

Regulación de la Administración General del Estado

Su regulación se recoge en la Ley 6/1997, de 14 de abril, de Organización y Funcionamiento de la Administración General del Estado (LOFAGE).

Nuestro país tiene una organización territorial compleja, en la que conviven distintas entidades, cada una de ellas con su propia administración y funciones. Por ello, tenemos que diferenciar tres tipos de administraciones:

- Administración General del Estado (AGE).
- Administración Autonómica.
- Administración Local.

La **Administración General del Estado** está integrada por un conjunto de órganos y organismos públicos que extienden su competencia a **todo el territorio español.**

Para cumplir de manera eficaz sus funciones, la Administración General del Estado se divide en los siguientes organismos:

Organización de la Administración General de Estado	
Órganos centrales	Consejo de ministros, comisiones delegadas del Gobierno, ministerios y servicios comunes.
Órganos territoriales	Delegados del Gobierno en las comunidades autónomas, subdelegados del Gobierno en las provincias y directores insulares en las islas.
Administración General del Estado en el exterior	Embajadores, representantes permanentes ante organizaciones internacionales y oficinas consulares.
Organismos públicos	Organismos autónomos, entidades públicas empresariales y agencias estatales.

Ejemplos 1

Organismos públicos

Los organismos públicos tienen por objeto la realización de actividades de ejecución, gestión, fomento o prestación de servicios reservados a la AGE, dependen de esta y se adscriben al ministerio competente por razón de la materia. Son ejemplos de organismos públicos los siguientes:

- ADIF (Administrador de Infraestructuras Ferroviarias).
- Agencia Española de Protección de Datos.
- Banco de España.
- Empresa Nacional de Innovación.
- Fondo de Garantía Salarial.
- Instituto Cervantes.

Organización de la Administración General del Estado

La AGE está organizada en **ministerios**. Cada uno de ellos se encarga de uno o varios sectores homogéneos de actividad administrativa, que normalmente se corresponden con su denominación (por ejemplo, Ministerio de Educación, Cultura y Deporte).

Al frente de cada ministerio están los **ministros**, que son los jefes superiores del departamento. Además de las atribuciones que les corresponden como miembros del Gobierno, dirigen los sectores de actividad administrativa integrados en su ministerio y son sus máximos responsables.

Para adoptar acuerdos y tomar decisiones, los ministros se reúnen periódicamente en el **Consejo de Ministros**, presidido por el **presidente del Gobierno**. Además, cuando se traten temas que afecten únicamente a varios ministerios, se podrán crear también **Comisiones Delegadas del Gobierno** (por ejemplo, para asuntos económicos o situaciones de crisis).

Número y denominación de los ministerios

El número, la denominación y el ámbito de competencia de los ministerios no son fijos, sino que son determinados en cada momento por el presidente del Gobierno.

Organización de los ministerios	
Órganos superiores	Ministros y secretarios de Estado.
Órganos directivos	Subsecretarios, secretarios generales, secretarios generales técnicos, directores generales y subdirectores generales.
Servicios comunes	Servicios con funciones de asistencia a los órganos superiores y directivos, asesoramiento, apoyo técnico, servicios auxiliares y publicaciones.

Casos prácticos 1

Administración Territorial

¿Qué órganos integran la Administración Territorial del Estado y cuáles son sus competencias?

Solución

Son órganos pertenecientes a la AGE, cuyas competencias no se extienden a todo el territorio nacional sino solamente a una de las divisiones administrativas del país: comunidades autónomas, provincias o islas:

- **Delegados del Gobierno en las comunidades autónomas:** representan al Gobierno en el territorio de estas y ejercen la dirección y supervisión de todos los servicios de la AGE situados en su territorio.
- **Subdelegados del Gobierno:** hay uno en cada provincia, salvo en las comunidades autónomas uniprovinciales, en que sus competencias son asumidas por el delegado del Gobierno. Sus funciones son dirigir los órganos de la AGE en esa provincia. Dependen del respectivo delegado del Gobierno.
- **Directores insulares de la AGE:** ejercen las competencias de los subdelegados del Gobierno en las islas de Menorca, Ibiza-Formentera, Lanzarote, Fuerteventura, La Palma, El Hierro y La Gomera.

Actividades

1·· El Gobierno va a adoptar una serie de medidas que afectan a varios ministerios. ¿Cómo se reunirán sus miembros para coordinar su actuación?

2·· Tras la celebración de las elecciones generales, ¿el nuevo Gobierno debe mantener el mismo número y denominación de los ministerios existentes? ¿Por qué?

2 >> La Administración Autonómica

Principio de solidaridad

El Estado garantiza la realización efectiva del principio de solidaridad, consagrado en el artículo 2 de la Constitución, velando por el establecimiento de un equilibrio económico, adecuado y justo, entre las diversas partes del territorio español, y atendiendo en particular a las circunstancias del hecho insular.

La Constitución Española de 1978 se fundamenta en la **unidad de la nación española**, sin perjuicio de reconocer el **derecho a la autonomía de las nacionalidades y regiones que la integran**, cuyo ejercicio deberá estar presidido por el **principio de solidaridad.**

Este modelo territorial implicó la creación de unos entes territoriales, denominados **comunidades autónomas**, con capacidad de autogobierno y personalidad jurídica propia, dotados de poder legislativo, reglamentario y administrativo y con autonomía para gestionar sus propios intereses.

2.1 > Acceso a la autonomía

Pueden acceder a la autonomía los siguientes territorios:

Territorios que pueden convertirse en comunidad autónoma
Provincias limítrofes con características históricas y económicas comunes (Galicia, Aragón, Cataluña, etc.).
Territorios insulares (Canarias y Baleares).
Provincias con entidad regional histórica (Navarra).
Mediante ley orgánica, las Cortes pueden autorizar la creación de comunidades autónomas de ámbito no superior a la provincia (Madrid) o de territorios no integrados en la organización provincial (Ceuta y Melilla).

Número de comunidades autónomas

En la actualidad existen 17 comunidades autónomas más las Ciudades Autónomas de Ceuta y Melilla.

Se establecieron dos vías de acceso a la autonomía:

- **Vía especial:** seguida por Andalucía y las comunidades históricas de Galicia, Cataluña y el País Vasco, que en el pasado ya aprobaron proyectos de Estatutos. Permitió a estas comunidades tener plenitud de competencias desde el primer momento.
- **Vía común:** fue la seguida por las demás regiones. Les otorgó unas competencias básicas iniciales y permitió ampliarlas de forma sucesiva transcurridos cinco años, mediante la reforma de sus Estatutos.

1
Mapa autonómico.

2.2 > Los Estatutos de Autonomía

Dentro de los términos que establece la Constitución de 1978, los Estatutos son la **norma institucional básica** de cada comunidad autónoma y forman parte del ordenamiento jurídico con el rango de **ley orgánica**.

Contenido de los Estatutos de Autonomía
La denominación de la comunidad autónoma, que mejor corresponda a su identidad histórica.
La delimitación de su territorio.
La denominación, organización y sede de las instituciones autónomas propias.
Las competencias asumidas dentro del marco establecido en la Constitución y las bases para el traspaso de los servicios correspondientes a estas.

La reforma de los Estatutos se ajustará al procedimiento establecido en estos y requerirá, en todo caso, la aprobación por las Cortes Generales, mediante ley orgánica.

Casos prácticos 2

Contenido de los Estatutos de Autonomía

Una comunidad autónoma desea modificar la denominación de sus instituciones y reflejar en el Estatuto de Autonomía las nuevas competencias que ha asumido recientemente.

Además, quiere incluir también la información relativa a su bandera, que fue aprobada con posterioridad a la aprobación del Estatuto.

a) ¿Necesita reformar su Estatuto de Autonomía para incluir todas esas novedades?
b) ¿Debe seguir un procedimiento determinado para hacerlo?

Solución

a) La reforma es necesaria, ya que entre los contenidos mínimos deben aparecer la denominación de sus instituciones y las competencias asumidas.
b) El procedimiento que hay que seguir para llevar a cabo la reforma sería el establecido en su propio Estatuto y además requiere su aprobación por las Cortes Generales, mediante ley orgánica.

Actividades

3·· Busca información sobre el proceso que tuvo que llevar a cabo tu comunidad autónoma para acceder al derecho a la autonomía.

4·· Infórmate sobre la fecha de aprobación del Estatuto de Autonomía de tu comunidad autónoma y analiza su contenido. Realiza un esquema indicando: su denominación, cuál es su territorio y cuáles son sus instituciones autonómicas propias.

5·· ¿A qué nos referimos cuando decimos que los Estatutos de Autonomía son la norma institucional básica de cada comunidad autónoma?

2

Las facultades legislativas de las comunidades autónomas se ejercen por medio de las Asambleas Legislativas o Parlamentos Autonómicos.

2.3 > Reparto de competencias

El derecho a la autonomía supone que las comunidades autónomas pueden regular y gestionar determinadas materias. La competencia implica disponer de un conjunto de facultades en relación con una materia determinada. Esas facultades pueden ser:

Facultades que atribuyen las competencias	
Legislativas	Posibilidad de dictar leyes sobre una materia.
Reglamentarias	Facultad de dictar reglamentos sobre una materia.
Ejecutivas	Posibilidad de hacer que se cumplan las normas jurídicas relativas a una materia.

Los artículos 148 y 149 de la Constitución establecen el reparto de competencias entre el Estado y las comunidades autónomas. Se establecen **tres tipos de competencias**:

- **Exclusivas:** cuando una Administración reúne las tres facultades.
- **Compartidas:** cuando las facultades de la competencia sobre una materia se reparten entre el Estado y las comunidades autónomas.
- **Concurrentes:** cuando tanto el Estado como las comunidades autónomas tienen competencia sobre la misma materia, pero cada una solo sobre un aspecto de ella.

A la hora de atribuir estas competencias, la Constitución establece que el Estado tendrá con carácter exclusivo las competencias establecidas en su **artículo 149**, mientras que las comunidades autónomas podrán asumir las competencias establecidas en el **artículo 148.**

Además, pasados cinco años desde su creación, las comunidades autónomas pueden asumir nuevas competencias, dentro de los límites que establece el artículo 149, mediante la reforma de sus Estatutos.

Igualmente, el Estado podrá transferir o delegar en las comunidades autónomas, mediante ley orgánica, facultades correspondientes a materias de titularidad estatal que por su propia naturaleza sean susceptibles de transferencia o delegación.

Ejemplos 2

Competencias derivadas de la Constitución

Los artículos 148 y 149 de la Constitución establecen las competencias del Estado y de las comunidades autónomas, fijando cuáles corresponden a cada Administración, cuáles son compartidas por ambas y cuáles son concurrentes:

- **Competencia exclusiva del Estado:** defensa y fuerzas armadas.
- **Competencia exclusiva autonómica:** ordenación del territorio, urbanismo y vivienda.
- **Competencia compartida:** legislación básica y régimen económico de la Seguridad Social. La facultad legislativa corresponde al Estado, mientras que la ejecución de los servicios corresponde a las comunidades autónomas.
- **Competencia concurrente:** la defensa del patrimonio cultural, monumental y artístico, sobre la que tienen competencias las dos Administraciones.

2.4 > Organización autonómica

Las comunidades autónomas establecerán en sus respectivos Estatutos la composición y funcionamiento de sus instituciones, pero esta organización debe respetar los principios generales establecidos en la Constitución, en su artículo 152, que establece la siguiente organización básica de las instituciones autonómicas:

Organización institucional de las comunidades autónomas	
Asamblea Legislativa o Parlamento Autonómico	Funciones legislativas. Es elegido por sufragio universal, con arreglo a un sistema de representación proporcional.
Presidente	Elegido por la Asamblea, de entre sus miembros, y nombrado por el rey. Le corresponden la dirección del Consejo de Gobierno, la suprema representación de la respectiva comunidad y la ordinaria del Estado en aquella.
Consejo de Gobierno	Funciones ejecutivas y administrativas. Los consejeros son los miembros del Gobierno Autonómico responsables de las materias asumidas por las comunidades autónomas. El presidente y los miembros del Consejo de Gobierno serán políticamente responsables ante la Asamblea.
Tribunal Superior de Justicia	Sin perjuicio de la jurisdicción que corresponde al Tribunal Supremo, culminará la organización judicial en el ámbito territorial de la comunidad autónoma.

Control de la actividad de los órganos autonómicos

El control de la actividad de los órganos de las comunidades autónomas se ejercerá:

Órganos de control	Materia autonómica controlada
Tribunal Constitucional	Control de la constitucionalidad de las leyes de la comunidad autónoma.
Gobierno	Ejercicio de las competencias ejecutivas sobre materias estatales transferidas por ley orgánica.
Jurisdicción contencioso-administrativa	Control de los reglamentos autonómicos y del funcionamiento de la Administración Autonómica.
Tribunal de Cuentas	Control económico y presupuestario.

Actividades

6·· Si la comunidad donde resides tiene las competencias reglamentarias sobre una materia y el Estado las legislativas, ¿de qué tipo de competencia se trata?

7·· Una comunidad autónoma desea asumir nuevas competencias. ¿Qué alternativas ofrece la Constitución para que pueda hacerlo?

8·· Busca información acerca de la Asamblea Legislativa o Parlamento Autonómico de tu comunidad autónoma, su denominación y composición.

9·· Cuando una Asamblea Legislativa o un Parlamento Autonómico quieren aprobar una ley, ¿sobre qué materias pueden hacerlo?

3 >> La Administración Local

Junto a las Administraciones Central y Autonómica, la Constitución también reconoce la existencia de la Administración Local, que gozará, igualmente, de autonomía para la gestión de sus propios intereses.

El Padrón Municipal

Es el registro administrativo donde constan los vecinos del municipio.

Su formación, mantenimiento, revisión y custodia corresponde a los respectivos Ayuntamientos y es la fuente a partir de la que se obtienen las cifras oficiales de población.

La legislación del Estado y la de las comunidades autónomas deberán asegurar a las entidades locales su derecho a intervenir en cuantos asuntos les afecten directamente, atribuyéndoles las competencias que proceda de conformidad con los principios de descentralización y de máxima proximidad de la gestión administrativa a los ciudadanos.

En su calidad de Administraciones Públicas tienen atribuidas, entre otras, las potestades **reglamentaria, de autoorganización, tributaria, financiera** y **sancionadora**.

3.1 > El municipio

El **municipio** es la entidad local básica de la organización territorial del Estado. Tiene personalidad jurídica y plena capacidad para el cumplimiento de sus fines.

Elementos del municipio	
Término municipal	Es el **territorio en que el Ayuntamiento ejerce sus competencias.** Cada municipio pertenecerá a una sola provincia. La creación o supresión de municipios, así como la alteración de términos municipales, se regularán por la legislación de las comunidades autónomas.
Población	Toda persona que viva en España está obligada a inscribirse en el **Padrón** del municipio en el que resida habitualmente. El **conjunto de personas inscritas en el Padrón Municipal** constituye la población del municipio. Los inscritos en el Padrón Municipal son los vecinos del municipio.
Organización	El Gobierno y la Administración Municipal corresponden al Ayuntamiento, integrado por el alcalde y los concejales.

La creación de nuevos municipios solo podrá realizarse sobre la base de núcleos de población territorialmente diferenciados, de al menos 5.000 habitantes y siempre que los municipios resultantes sean financieramente sostenibles, cuenten con recursos suficientes para el cumplimiento de las competencias municipales y no suponga disminución en la calidad de los servicios que venían siendo prestados.

Organización municipal

La estructura básica de los municipios está integrada por los siguientes órganos:

Organización municipal	
Alcalde	Es elegido por los concejales o por los vecinos. Es el **presidente de la Corporación** y sus principales atribuciones son dirigir el Gobierno y la Administración Municipal y representar al Ayuntamiento.
Tenientes de alcalde	Sustituyen, por el orden de su nombramiento en los casos de vacante, ausencia o enfermedad, al alcalde; son libremente designados y cesados por este de entre los miembros de la Junta de Gobierno Local y, donde esta no exista, de entre los concejales.
Concejales	Son elegidos por los vecinos del municipio en proporción a su población mediante sufragio universal, libre, igual, directo y secreto.
Pleno	Existe en todos los municipios. Está integrado por todos los concejales y presidido por el alcalde. Sus principales funciones son el control y la fiscalización de los órganos de Gobierno y la aprobación de la normativa municipal y de los presupuestos del Ayuntamiento.
La Junta de Gobierno Local	Existe en todos los municipios con población superior a 5.000 habitantes y en los de población inferior que así lo establezcan. Se integra por el **alcalde** y un **número de concejales** no superior al tercio del número legal de estos, nombrados y separados libremente por aquel. Su función es asistir al alcalde en el ejercicio de sus atribuciones.
Comisión especial de Cuentas	Existe en todos los municipios. Le corresponde informar de todas las cuentas que deba aprobar el Pleno de la Corporación.
Otros órganos	En los municipios de más de 5.000 habitantes, y en los de menos en que así lo establezcan, existirán **órganos que tienen por objeto el estudio, informe o consulta** de los asuntos que han de ser sometidos a la decisión del Pleno, el seguimiento de la gestión del alcalde, la Junta de Gobierno Local y los concejales.
	La **Comisión Especial de Sugerencias y Reclamaciones** existe en los municipios de gran población y en los que así se acuerde o lo disponga su Reglamento Orgánico. Su finalidad es defender los derechos de los vecinos ante la Administración municipal. Deberá dar cuenta al Pleno, mediante un informe anual, de las quejas presentadas y de las deficiencias observadas en el funcionamiento de los servicios municipales.
	Para facilitar la participación ciudadana, los municipios podrán establecer **órganos territoriales de gestión desconcentrada,** con la organización, funciones y competencias que cada Ayuntamiento les confiera (por ejemplo, las **Juntas Municipales de Distrito**).

Actividades

10·· Un municipio ha experimentado un importante aumento de población en los últimos años, por lo que decide ampliar su término municipal. ¿Puede hacerlo?

11·· Una persona se ha trasladado de un municipio a otro, pero aún no se ha inscrito en el padrón municipal. ¿Podría decirse que forma parte de la población del nuevo municipio? ¿Por qué?

Competencias municipales

Para la gestión de sus intereses y en el ámbito de sus competencias, el municipio puede promover toda clase de actividades y prestar cuantos servicios públicos contribuyan a satisfacer las necesidades y aspiraciones de los vecinos.

Debe prestar en todo caso, por sí o asociado con otros, como mínimo, las competencias propias siguientes:

Competencias de los municipios	
En todos los municipios	Alumbrado público, cementerio, recogida de residuos, limpieza viaria, abastecimiento domiciliario de agua potable, alcantarillado, acceso a los núcleos de población, pavimentación de las vías públicas y control de alimentos y bebidas.
En los municipios de más de 5.000 habitantes	Además de las anteriores, parque público, biblioteca pública, mercado y tratamiento de residuos.
En los municipios de más de 20.000 habitantes	Además de las anteriores, protección civil, prestación de servicios sociales, prevención y extinción de incendios e instalaciones deportivas de uso público.
En los municipios de más de 50.000 habitantes	Además de las anteriores, transporte colectivo urbano de viajeros y protección del medio ambiente.
En los municipios con población inferior a 20.000 habitantes, será la Diputación Provincial o entidad equivalente la que coordinará la prestación de los servicios de recogida y tratamiento de residuos, abastecimiento de agua potable y tratamiento de aguas residuales, limpieza viaria, acceso a núcleos de población, pavimentación de vías urbanas y alumbrado público.	

Régimen municipal especial. El concejo abierto

Existe un régimen municipal especial, el concejo abierto, que se da en:

- Los municipios con menos de 100 habitantes y aquellos que tradicionalmente cuenten con este singular régimen de gobierno y administración.
- Aquellos otros en los que su localización geográfica, la mejor gestión de los intereses municipales u otras circunstancias lo aconsejen.

En este régimen municipal especial, el gobierno y la administración del municipio corresponden a un **alcalde** y una **asamblea vecinal** de la que forman parte todos los electores. Ajustan su funcionamiento a los usos, costumbres y tradiciones locales y, en su defecto, a lo establecido en las leyes estatales y autonómicas sobre régimen local.

Los alcaldes de las corporaciones de municipios de menos de 100 residentes podrán convocar a sus vecinos a concejo abierto para decisiones de especial trascendencia para el municipio. Si así lo hacen deberán someterse obligatoriamente al criterio de la asamblea vecinal constituida al efecto.

Actividades

12·· En un municipio que cuenta con 5.000 habitantes, no existe biblioteca pública, ¿debería tenerla?, si no tiene recursos suficientes para prestar dicho servicio público, ¿tiene alguna alternativa?

13·· ¿Por qué razón en el régimen municipal del Concejo Abierto no existen concejales? ¿Quién ejerce sus funciones?

3.2 > La provincia

La **provincia** es una entidad local determinada por la agrupación de municipios, con personalidad jurídica propia y plena capacidad para el cumplimiento de sus fines.

Son fines propios y específicos de la provincia garantizar los principios de solidaridad y equilibrio intermunicipales, en el marco de la política económica y social, y, específicamente:

Fines de la provincia
Asegurar la prestación en la totalidad del territorio provincial de los servicios de competencia municipal.
Coordinar la administración local con la autonómica y la estatal.

Organización provincial

Con **carácter general**, el gobierno y la administración de la provincia corresponden a la **Diputación Provincial**, cuya composición se establece a partir de los resultados de las elecciones municipales. El número de **diputados** provinciales se determina según el número de habitantes de cada provincia. En todas las Diputaciones han de existir:

Órganos provinciales	
Presidente de la Diputación	Es el responsable de dirigir el Gobierno y la Administración de la provincia, representa a la Diputación y convoca y preside las sesiones del Pleno.
Vicepresidentes de la Diputación	Sustituyen al presidente en los casos de vacante, ausencia o enfermedad.
Pleno	Constituido por el presidente y los diputados. Su función es la aprobación y modificación de las ordenanzas, presupuestos y planes de carácter provincial.
Junta de Gobierno	Se integra por el presidente y un número de diputados no superior al tercio de ellos. Asiste al presidente en el ejercicio de sus atribuciones.

Competencias provinciales

Son competencias propias de la Diputación las que les atribuyan las leyes del Estado y de las comunidades autónomas y, en todo caso:

- La coordinación de los servicios municipales entre sí.
- La asistencia y cooperación jurídica, económica y técnica a los municipios.
- La prestación de servicios públicos de carácter supramunicipal y supracomarcal, especialmente en los municipios menores de 20.000 habitantes.
- En general, el fomento y la administración de los intereses peculiares de la provincia.

Regímenes provinciales especiales

Atendiendo a criterios geográficos, históricos y funcionales se establecen los siguientes regímenes provinciales especiales:

- **Comunidades autónomas uniprovinciales:** las competencias de la Diputación son asumidas por las propias comunidades autónomas.
- **Navarra:** Diputación Foral.
- **Órganos Forales de Álava, Vizcaya y Guipúzcoa:** Juntas Generales.
- **Islas Baleares:** Consejos Insulares.
- **Islas Canarias:** Cabildos Insulares Canarios y Mancomunidades Interprovinciales Interinsulares.

3.3 > Otras entidades locales

3

Las agrupaciones de entidades locales tienen por objeto la prestación conjunta de servicios comunes (por ejemplo, la recogida de residuos, limpieza viaria, etc.).

La ley permite la posibilidad de constituir otras entidades locales:

Otras entidades locales	
Comarcas	Agrupación de municipios con características e intereses comunes que precisen de una gestión propia o demanden la prestación de servicios comunes.
Áreas metropolitanas	Integradas por los municipios de grandes aglomeraciones urbanas entre cuyos núcleos de población existan vinculaciones económicas y sociales que hagan necesaria la planificación conjunta y la coordinación de determinados servicios y obras.
Mancomunidades de municipios	Asociación de municipios para la ejecución en común de obras y servicios determinados de su competencia.
Entidades de ámbito inferior al municipio	Se pueden crear para la administración de núcleos de población separados, bajo su denominación tradicional de **caseríos, parroquias, aldeas, barrios, concejos o pedanías.**

Municipios de gran población

Por las peculiaridades que presentan estos municipios, tienen una regulación específica caracterizada por la existencia de un mayor número de órganos de gestión y administración. Se consideran municipios de gran población los siguientes:

Municipios de gran población	
En todo caso	Cuando su población supere los 250.000 habitantes.
	Cuando su población supere los 175.000 habitantes y sean capital de provincia.
Si lo aprueban las Asambleas Legislativas correspondientes a iniciativa de los respectivos Ayuntamientos	Municipios que sean capitales de provincia, autonómicas o sede de las instituciones autonómicas.
	Municipios cuya población supere los 75.000 habitantes y presenten circunstancias económicas, sociales, históricas o culturales especiales.

Los ayuntamientos de estos municipios deberán crear **distritos**, como divisiones territoriales propias, dotadas de órganos de gestión desconcentrada, para impulsar y desarrollar la participación ciudadana en la gestión de los asuntos municipales y su mejora, sin perjuicio de la unidad de gobierno y gestión del municipio. La presidencia del distrito corresponderá en todo caso a un concejal.

Actividades

14·· Si los ciudadanos participamos en las elecciones legislativas, autonómicas, locales y europeas para elegir a nuestros representantes, ¿por qué no existen elecciones provinciales?

15·· Investiga si en tu provincia existe algún régimen provincial especial o alguna otra entidad local distinta de la provincia y el municipio.

Actividades finales

1·· Cuando decimos que la Administración General del Estado se organiza en ministerios y que cada uno de ellos se encarga de uno o varios sectores homogéneos de actividad administrativa, que normalmente se corresponde con su denominación, ¿a qué nos referimos? Pon un ejemplo.

2·· Si un ministro presenta un proyecto de ley relativo a alguna materia o cuestión que está dentro del ámbito de actuación del ministerio al que pertenece y que debe ser aprobado por todos los miembros del Gobierno, ¿dónde debe ser presentado y aprobado?

3·· A la hora de organizar un ministerio, el Departamento de Asesoría Jurídica perteneciente a un ministerio, ¿dentro de que órgano central estaría encuadrado?

4·· El Gobierno va a adoptar una serie de medidas que afectan a varios ministerios, ¿cómo se reunirán los miembros de estos para coordinar su actuación?

5·· Si te encuentras de vacaciones en el extranjero y necesitas recibir ayuda o realizar algún trámite ante la Administración Española, ¿a qué órganos tendrás que dirigirte?

6·· Si en la actualidad, un territorio o un grupo de territorios decidiera crear una nueva comunidad autónoma, ¿qué alternativas tendría? ¿Cómo podría hacerlo?

7·· Los Estatutos de Autonomía forman parte del ordenamiento jurídico español con el rango de ley orgánica. Por lo tanto, ¿pueden contener disposiciones contrarias a la Constitución?

8·· Ya conoces cómo se organizan las diferentes Administraciones Públicas. Compara la organización autonómica con la del Estado y señala cuáles son los órganos representantes de los poderes legislativo, ejecutivo y judicial.

9·· Busca en Internet la página web oficial de tu comunidad autónoma. Entra en ella y, a partir de la información que contenga, realiza un esquema con sus instituciones, indicando su nombre y competencias básicas.

10·· Una comunidad autónoma que ha recibido nuevas competencias transferidas por el Gobierno mediante ley orgánica, ¿puede ejercerlas plenamente con total independencia?

11·· De todas las Administraciones existentes (Administración General del Estado, Autonómica y Local), ¿por qué se considera a la Administración Local como la más cercana a los ciudadanos?

12·· En todo municipio, deben existir tres elementos, el territorio o término municipal, la población y la organización. Identifica esos tres elementos en el municipio en el que resides.

13·· El municipio no tiene atribuida la potestad legislativa, ¿existe algún órgano municipal que pueda aprobar normas jurídicas en el ámbito municipal?

14·· La carretera que une dos pequeños municipios correspondientes a una misma provincia se encuentra en mal estado, por lo que los responsables municipales de ambas localidades desean que se solucione dicha situación:

a) ¿Qué administración sería la responsable de reparar la carretera si se tratara de una comunidad autónoma pluriprovincial?
b) Si fuera una comunidad autónoma uniprovincial, ¿cuál sería la responsable de la reparación?
c) ¿Por qué se produce esta situación?

15·· Un grupo de municipios limítrofes que se caracterizan por la calidad de los vinos que producen decide crear algún tipo de entidad local con el fin de dar a conocer y fomentar el consumo de estos. ¿Cuál sería la entidad local más idónea para cumplir con ese objetivo?

Casos finales

Competencias en materia de deportes

Un municipio de más de 20.000 habitantes desea fomentar y facilitar la práctica de actividades deportivas entre sus vecinos, ya que así se lo han demandado ellos. Existe un gran número de asociaciones y clubes deportivos que cuentan con un número importante de asociados, la mayoría de ellos jóvenes y niños.

El Ayuntamiento se ha reunido con todos los interesados y se ha comprometido a construir un polideportivo cubierto y a ampliar las actuales instalaciones, que con el paso del tiempo se han quedado obsoletas y se encuentran en mal estado.

Para el Ayuntamiento supone una inversión económica muy importante, y ahora mismo no dispone de los recursos necesarios para afrontar dichas obras. Por ello, desde el equipo de gobierno, están valorando diferentes alternativas.

En primer lugar, quieren confirmar si son competentes para realizar dichas obras, ya que además de la normativa nacional en materia deportiva, existe también una ley del deporte elaborada por la comunidad autónoma a la que pertenecen, además de normativa elaborada por la Diputación Provincial.

También se han puesto en contacto con otros municipios cercanos para conocer si estarían interesados en el tema y poder, de esa manera, alcanzar algún tipo de acuerdo para colaborar en el proyecto deportivo.

a) ¿Es competente el Ayuntamiento en materia deportiva?
b) ¿Puede existir una legislación nacional y otra autonómica sobre la misma materia, en este caso en materia deportiva? Si es así, ¿de qué tipo de competencia se trataría?
c) ¿La Diputación Provincial y el Ayuntamiento podrían tener algún tipo de competencia en materia deportiva? ¿Por qué?
d) ¿Qué alternativas económicas podría encontrar el Ayuntamiento para llevar a cabo el proyecto?

Junta de Gobierno Local

Andrés ha sido nombrado miembro de la Junta de Gobierno Local por el alcalde del municipio donde reside. La población del municipio es de 10.000 habitantes y en las elecciones locales se eligen 12 concejales.

a) ¿En ese municipio debe existir Junta de Gobierno Local? ¿Cuántos miembros deben componerla?
b) ¿Qué requisitos debe reunir Andrés para poder ser nombrado miembro de la Junta de Gobierno Local?

Autoevaluación

1. Son órganos de la Administración General del Estado en el exterior:

a) Las misiones diplomáticas.
b) Las oficinas consulares.
c) Los delegados del Gobierno.
d) La a y la b son correctas.

2. Según lo dispuesto en el artículo 147 de la Constitución, los Estatutos de Autonomía deben contener:

a) La denominación de la comunidad autónoma.
b) La delimitación de su territorio.
c) Las competencias asumidas.
d) Todas son correctas.

3. Cuando una comunidad autónoma reúne las facultades legislativas, reglamentarias y ejecutivas sobre una materia, hablamos de competencias:

a) Exclusivas.
b) Compartidas.
c) Concurrentes.
d) Administrativas.

4. Forman parte de la Administración Autonómica:

a) El Consejo de Gobierno.
b) El subdelegado del Gobierno.
c) El Senado.
d) El Ayuntamiento.

5. Cada uno de los órganos encargados de uno o varios sectores homogéneos de actividad administrativa, que normalmente se corresponden con su denominación, son:

a) Las Diputaciones Provinciales.
b) Los Ministerios.
c) Las Juntas Municipales.
d) Todas son falsas.

6. El órgano municipal que está integrado por todos los concejales y presidido por el alcalde y que tiene como principales funciones la aprobación de la normativa municipal y del presupuesto del Ayuntamiento es:

a) La Junta de Gobierno Local.
b) La Junta Municipal.
c) El Pleno.
d) La Diputación Provincial.

7. Los miembros de la Diputación Provincial se denominan:

a) Concejales.
b) Tenientes de alcalde.
c) Senadores.
d) Diputados provinciales.

8. En el régimen municipal especial del Concejo Abierto, el gobierno y la administración del municipio corresponden al alcalde y:

a) Los concejales.
b) La Junta de Gobierno Local.
c) El Pleno Municipal.
d) La asamblea vecinal.

9. La asociación de municipios para la ejecución en común de obras y servicios determinados de su competencia se llama:

a) Comarca.
b) Mancomunidad de municipios.
c) Área metropolitana.
d) Pedanía.

10. Se consideran regímenes provinciales especiales, con base en criterios geográficos, funcionales e históricos:

a) Los Cabildos insulares.
b) Las comunidades autónomas uniprovinciales.
c) La Comunidad Foral de Navarra.
d) Todas son correctas.

Unidad 6

La Unión Europea

Preguntas iniciales

1·· ¿Sabes qué es la Unión Europea y cuáles son sus objetivos?

2·· ¿Qué es para ti el euro?

3·· ¿Sabes cómo nos afecta a los españoles la normativa de la Unión Europea?

4·· ¿Conoces las distintas instituciones de la Unión Europea?

En esta unidad aprenderás a...

- Reconocer los orígenes y objetivos de la UE.
- Distinguir los diferentes tipos de normas jurídicas de la UE.
- Diferenciar las instituciones y organismos de la UE y sus competencias.
- Identificar las relaciones entre la UE y los Estados miembros.

Autoevaluación

1. Son órganos de la Administración General del Estado en el exterior:

a) Las misiones diplomáticas.
b) Las oficinas consulares.
c) Los delegados del Gobierno.
d) La a y la b son correctas.

2. Según lo dispuesto en el artículo 147 de la Constitución, los Estatutos de Autonomía deben contener:

a) La denominación de la comunidad autónoma.
b) La delimitación de su territorio.
c) Las competencias asumidas.
d) Todas son correctas.

3. Cuando una comunidad autónoma reúne las facultades legislativas, reglamentarias y ejecutivas sobre una materia, hablamos de competencias:

a) Exclusivas.
b) Compartidas.
c) Concurrentes.
d) Administrativas.

4. Forman parte de la Administración Autonómica:

a) El Consejo de Gobierno.
b) El subdelegado del Gobierno.
c) El Senado.
d) El Ayuntamiento.

5. Cada uno de los órganos encargados de uno o varios sectores homogéneos de actividad administrativa, que normalmente se corresponden con su denominación, son:

a) Las Diputaciones Provinciales.
b) Los Ministerios.
c) Las Juntas Municipales.
d) Todas son falsas.

6. El órgano municipal que está integrado por todos los concejales y presidido por el alcalde y que tiene como principales funciones la aprobación de la normativa municipal y del presupuesto del Ayuntamiento es:

a) La Junta de Gobierno Local.
b) La Junta Municipal.
c) El Pleno.
d) La Diputación Provincial.

7. Los miembros de la Diputación Provincial se denominan:

a) Concejales.
b) Tenientes de alcalde.
c) Senadores.
d) Diputados provinciales.

8. En el régimen municipal especial del Concejo Abierto, el gobierno y la administración del municipio corresponden al alcalde y:

a) Los concejales.
b) La Junta de Gobierno Local.
c) El Pleno Municipal.
d) La asamblea vecinal.

9. La asociación de municipios para la ejecución en común de obras y servicios determinados de su competencia se llama:

a) Comarca.
b) Mancomunidad de municipios.
c) Área metropolitana.
d) Pedanía.

10. Se consideran regímenes provinciales especiales, con base en criterios geográficos, funcionales e históricos:

a) Los Cabildos insulares.
b) Las comunidades autónomas uniprovinciales.
c) La Comunidad Foral de Navarra.
d) Todas son correctas.

UNIÓN EUROPEA

- **Orígenes**
  - Tratados
  - Modificaciones
- **Símbolos**
  - Bandera
  - Himno
  - Día de Europa
  - Lema
  - Euro
- **Derecho Comunitario**
  - Reglamentos
  - Directivas
  - Decisiones
  - Recomendaciones y dictámenes
- **Instituciones comunitarias**
  - Parlamento Europeo
  - Consejo de la UE
  - Comisión de la UE
  - Tribunal de Justicia Europeo
  - Tribunal de Cuentas Europeo
- **Otros órganos comunitarios**
  - Comité Económico y Social
  - Comité de las Regiones
  - Banco Central Europeo
  - Banco Europeo de Inversiones
  - Defensor del Pueblo Europeo
  - Supervisor Europeo de Protección de Datos

Para el proyecto final

- Identificarás las normas provenientes de la UE y su repercusión a escala nacional.
- Conocerás las competencias de las instituciones y organismos de la UE.

1 >> Orígenes y objetivos

La **Unión Europea (UE)** es una organización integrada en la actualidad por 28 países europeos democráticos, en la que los Estados miembros ponen en común parte de su soberanía, tomando decisiones conjuntas a través de instituciones comunes.

Nació con la intención de acabar con los frecuentes conflictos entre los diferentes estados europeos que habían culminado con la segunda guerra mundial.

Los **seis países fundadores** fueron Alemania, Bélgica, Francia, Italia, Luxemburgo y los Países Bajos.

Cualquier país europeo puede adherirse, siempre que se trate de un régimen democrático estable, en el que se garanticen el Estado de Derecho y los derechos humanos y se respete y proteja a las minorías. También ha de tener una Administración Pública capaz de aplicar la legislación comunitaria y una economía de mercado.

Una vez que se aprueba el tratado de adhesión, este debe ser ratificado por el Parlamento Europeo y por los Parlamentos nacionales del país candidato y de todos los Estados miembros de la Unión.

La actual organización y composición de la UE se ha ido consolidando a través de los años mediante la firma de diferentes tratados y acuerdos.

Fechas de incorporación de los distintos Estados miembros

1952 Alemania, Bélgica, Francia, Italia, Luxemburgo y Países Bajos

1973 Dinamarca, Irlanda y Reino Unido

1981 Grecia

1986 España y Portugal

1995 Austria, Finlandia y Suecia

2004 Chipre, Eslovaquia, Eslovenia, Estonia, Hungría, Letonia, Lituania, Malta, Polonia y República Checa

2007 Bulgaria y Rumanía

2013 Croacia

1.1 > Tratados y acuerdos

La estructura y organización de la Unión Europea se ha ido consolidando a través de los años mediante la firma de diferentes **tratados internacionales**. Los principales son los siguientes:

Año	Tratados y acuerdos
1951	**Tratado de París,** constitutivo de la Comunidad Europea del Carbón y del Acero (CECA).
1957	**Tratado de Roma,** constitutivo de la Comunidad Económica Europea, y Tratado constitutivo de la Comunidad Europea de la Energía Atómica (EURATOM).
1985	**Acuerdos de Schengen.** Tienen especial importancia, ya que suprimieron los controles en las fronteras interiores e introdujeron una política común de visados y controles en las fronteras exteriores de la Unión.
1986	**Acta Única Europea.**
1992	**Tratado de Maastricht** por el que se crea la Unión Europea.
1997	**Tratado de Ámsterdam.** Dio **a la Unión mayores competencias** sobre política social y de empleo.
2001	**Tratado de Niza.** Reformó las instituciones, preparándolas para la llegada de nuevos países.
2004	**Proyecto de Tratado Constitucional.** No fue ratificado y no llegó a entrar en vigor.
2007	**Tratado de Lisboa.** Garantiza los derechos fundamentales de los ciudadanos europeos mediante la Carta de los Derechos Fundamentales e impulsa el papel internacional de la UE.

Junto con los tratados, la Unión Europea establece distintos tipos de **acuerdos** con los países vecinos que tendrán distinta denominación (Acuerdos de Estabilización y Asociación y Acuerdos de Comercio, Desarrollo y Cooperación), en función de si estos países están o no en la lista de posibles candidatos para su entrada en la Unión.

1.2 > Símbolos de la Unión Europea

Para transmitir a los ciudadanos de los diferentes Estados miembros un sentimiento de unidad y de identificación con los valores y principios defendidos por la Unión, esta se ha dotado de una serie de símbolos:

Símbolos	Significado
Bandera	Un círculo de 12 estrellas doradas sobre fondo azul que simboliza la unidad, la solidaridad y la armonía entre los pueblos de Europa.
Himno	El himno que representa a la UE (la *Oda a la Alegría*) forma parte de la *Novena Sinfonía* de Beethoven.
Día de Europa	El 9 de mayo, en conmemoración del discurso pronunciado el 9 de mayo de 1950 por el ministro de Asuntos Exteriores francés Robert Schuman, en el que, por primera vez expuso las ideas sobre las que se asienta la Unión Europea.
Lema	"Unida en la diversidad". Hace referencia al modo en que los europeos se han unido, formando la UE.

1.3 > El euro

Uno de los pilares fundamentales para que la unión económica entre todos los Estados miembros haya sido efectiva ha sido la correlativa unión monetaria, que ha permitido la coordinación de las políticas económicas y fiscales de los distintos países integrantes de la Unión Europea. Esta unión monetaria ha implicado la adopción de una moneda común: el euro.

El euro se creó el 1 de enero de 1999, primeramente como moneda virtual para pagos no monetarios y a efectos contables y, a partir del 1 de enero de 2002, ya se convirtió en moneda de curso legal, con la introducción de billetes y monedas.

En la actualidad, el euro es la moneda única que comparten 18 Estados miembros de la UE, que forman la denominada **"zona euro"** y se ha convertido en la segunda moneda internacional, tras el dólar estadounidense.

El euro ofrece múltiples ventajas, derivadas de la eliminación de la fluctuación de los tipos de cambio y de los costes asociados al cambio de monedas. Esto favorece, por un lado, el comercio entre los Estados miembros, pues da mayor seguridad y abarata los costes y, por otro lado, es un incentivo para que ciudadanos de los Estados de la zona euro viajen y compren en otros Estados miembros.

Actividades

1·· ¿Puede cualquier país europeo adherirse a la Unión Europea?

2·· Si se incorpora un nuevo estado a la UE, ¿debe ceder parte de su soberanía? ¿Cómo?

3·· Busca información y elabora un esquema cronológico del proceso de creación e integración de la Unión Europea.

2 >> El Derecho Comunitario

Para el cumplimiento de sus fines, la Unión Europea cuenta con múltiples instrumentos normativos, que integran el ordenamiento jurídico comunitario o Derecho Comunitario.

Para poder garantizar su uniformidad en todos los Estados miembros, el Derecho Comunitario tiene supremacía sobre los ordenamientos jurídicos de cada uno de los países, que están obligados a aceptarlo antes de poder entrar en la UE y además tienen la obligación de trasladar la normativa de la UE a su legislación nacional.

Además, atribuye derechos e impone obligaciones, de forma directa, tanto a las instituciones de la Unión, como a los Estados y ciudadanos.

Acervo comunitario

Es un concepto superior al de Derecho Comunitario y constituye la esencia normativa de la UE.

Incluye todas las disposiciones y acuerdos adoptados por la UE: tratados, normas, declaraciones y resoluciones de la UE, sus acuerdos internacionales y las sentencias dictadas por el Tribunal de Justicia.

2.1 > Composición del Derecho Comunitario

El Derecho Comunitario está compuesto por:

- **Derecho Originario:** está integrado por los tratados constitutivos y los tratados de adhesión de los distintos países.
- **Derecho Derivado:** son las normas jurídicas contenidas en los distintos actos normativos adoptados por las instituciones de la UE en el ejercicio de sus competencias (reglamentos, directivas, decisiones, etcétera).

2.2 > Las normas de la Unión Europea

En el ejercicio de sus competencias, las instituciones de la UE adoptan distintos actos normativos. Se trata de las normas europeas.

Tipos de normas	Características
Reglamentos	Son normas con **alcance general, obligatorias en todos sus extremos y directamente aplicables** en cada estado miembro. Entran en vigor desde su publicación en el Diario Oficial de la Unión Europea (DO), derogando las disposiciones normativas internas que contradigan lo dispuesto en ese reglamento.
Directivas	Son normas también con **alcance general, pero que únicamente obligan en cuanto al resultado.** Es decir, establecen un objetivo que todos los países de la UE deben cumplir, pero dejan a cada país libertad respecto a la forma de hacerlo y a los medios empleados.
Decisiones	Son normas **obligatorias en todos sus extremos, pero no tienen alcance general,** sino que solo vinculan a aquellos a quienes se dirigen (que pueden ser uno o varios Estados de la UE, una o varias empresas, etc.).
Recomendaciones	Son disposiciones **no vinculantes,** que permiten a las instituciones de la UE exponer su opinión sobre ciertos temas y sugerir la adopción de ciertas medidas, pero sin imponer obligaciones a sus destinatarios.
Dictámenes	Son declaraciones **no vinculantes,** que llevan a cabo las instituciones de la UE y les permiten informar y evaluar ciertas situaciones.

El **control de la aplicación del Derecho Comunitario** es competencia de la **Comisión Europea.** En caso de que un Estado miembro incumpla con sus obligaciones, la Comisión puede emitir un dictamen motivado, tras haberle dado la oportunidad de presentar sus observaciones. Si este dictamen no produce efectos, la Comisión puede pedir al Tribunal de Justicia que le imponga sanciones económicas.

Ejemplos 1

Normas de la Unión Europea

A continuación vamos a ver varios ejemplos de las distintas normas que componen del Derecho Comunitario.

- **Reglamento:** cuando la UE quiere prohibir la pesca de una determinada especie marítima en una determinada zona pesquera, adopta un reglamento, que será directa e inmediatamente aplicable.
- **Directiva:** cuando la UE quiere unificar la normativa europea en materia de transporte de viajeros por carretera, adopta una directiva. Obligará a que se cumplan los objetivos que indica la norma en el plazo determinado, pero deja a cada país libertad en el procedimiento para llevarlo a cabo.
- **Decisión:** cuando la Comisión decide tomar medidas contra una empresa por incumplir las normas de libre competencia, esa norma se aplica solo a esa empresa y se adopta mediante una decisión.
- **Recomendación:** cuando las instituciones comunitarias manifiestan a las entidades financieras que no es conveniente que asuman ciertos riesgos, lo realiza mediante una recomendación, sin imponer obligaciones.
- **Dictamen:** mientras se elabora la normativa comunitaria, los distintos comités consultivos (Comité de las Regiones y Comité Económico y Social Europeo) emiten dictámenes sobre la materia desde su punto de vista sectorial o territorial.

2.3 > Procedimiento legislativo

A diferencia de la mayoría de los países en que el poder legislativo recae en el Parlamento (órgano que representa a la voluntad del pueblo), en la Unión Europea se sigue, con carácter general, un procedimiento especial, denominado **procedimiento legislativo ordinario**, que da el mismo peso al Parlamento y al Consejo. Esto implica que la mayor parte de la normativa que compone el Derecho Comunitario se adopta **conjuntamente por el Parlamento Europeo y por el Consejo**, a través de un procedimiento en el que ambas instituciones intervienen sucesivamente.

El procedimiento legislativo ordinario es el más utilizado, aunque existen también otros procedimientos especiales con el objetivo de simplificar el proceso de toma de decisiones de la UE.

Actividades

4·· ¿Qué tipo de norma deberá aprobar la UE si quiere conseguir que todos los Estados miembros tengan una legislación común sobre alguna materia?

5·· Si la Comisión Europea quiere dar a conocer su punto de vista sobre alguna cuestión, ¿qué norma deberá emitir? ¿Por qué?

6·· La Unión Europea adopta un reglamento en materia de extranjería. ¿Es directamente aplicable en España, aunque contradiga la legislación Española? ¿Por qué? ¿Será necesaria su publicación en el Boletín Oficial del Estado?

3 >> Las instituciones comunitarias

1

Parlamento Europeo.

Para el cumplimiento de sus objetivos, la Unión Europea ha creado un entramado institucional, compuesto por diversas instituciones y organismos, que ejercen funciones legislativas, políticas, administrativas y judiciales. Además, existen órganos y agencias especializados, para llevar a cabo tareas técnicas, científicas o de gestión dentro de la UE.

3.1 > Parlamento Europeo

Es elegido por los ciudadanos de la UE en las elecciones europeas que se celebran en los Estados miembros cada cinco años. En estas elecciones, todos los ciudadanos de la UE tienen derecho a votar y a presentar su candidatura independientemente del lugar de la UE en el que vivan.

Su labor se desarrolla en tres sedes: Bruselas (Bélgica), Luxemburgo y Estrasburgo (Francia).

El número de eurodiputados de cada país es proporcional a su población. Ningún país puede tener menos de 6 ni más de 96, y el número total **no puede ser superior a 751** (750 más el presidente).

Los miembros del Parlamento no están agrupados por nacionalidades, sino por ideologías políticas.

Funciones del Parlamento Europeo
Aprobar la legislación europea, conjuntamente con el Consejo a través del procedimiento legislativo ordinario.
Llevar a cabo el control democrático de todas las instituciones de la UE, en especial el de la Comisión.
Adopción y supervisión del presupuesto anual de la UE, junto con el Consejo.
Aprobación de determinadas decisiones importantes, como permitir que nuevos países entren a formar parte de la UE.

3.2 > El Consejo Europeo

Es un órgano que tiene por función definir la política global de Unión Europea y resolver cuestiones de alto nivel, que no puedan ser resueltas por medio de la colaboración interestatal. No tiene competencias para aprobar legislación.

Está integrado por los **jefes de Estado** o de **Gobierno** de todos los países miembros, por el **presidente de la Comisión** y el **Alto Representante para Asuntos Exteriores y Política de Seguridad.**

El presidente del Consejo Europeo es elegido por la propia institución, por mayoría cualificada; la duración de su mandato es de 30 meses.

Se reúne **dos veces cada 6 meses**, normalmente en Bruselas. Si es necesario, su presidente puede convocar reuniones extraordinarias.

Toma sus decisiones por consenso, salvo que los tratados determinen otra cosa. En algunos casos adopta decisiones por unanimidad o por mayoría cualificada.

Historia del Consejo Europeo

Nació en 1974 como un foro de debate informal entre los dirigentes de la UE.

En 1992 se constituyó formalmente y, desde 2007, es una de las de las instituciones comunitarias.

3.3 > El Consejo de la Unión Europea

Tiene su sede en Bruselas (Bélgica) y es el órgano de representación de los Gobiernos de cada uno de los Estados miembros.

Su composición es variable en función de los contenidos para tratar, pues a sus reuniones asiste el ministro de cada uno de los Gobiernos nacionales de la UE con competencias sobre cada tema en concreto. Por ejemplo, si la reunión trata sobre asuntos pesqueros, asistirán los ministros de Pesca de todos los Estados miembros.

Además, cada Estado miembro tiene un equipo permanente que le representa y prepara las reuniones del Consejo; es el denominado Comité de Representantes Permanentes (COREPER).

La **Presidencia** del Consejo es rotatoria y tiene una duración de **6 meses.**

Por regla general, el Consejo de la UE adopta su decisión por **mayoría cualificada**, pero también son posibles la **mayoría simple**, la **doble mayoría** y **la unanimidad**, dependiendo del tipo de decisión de la que se trate. Los votos se asignan en función de la población de cada país.

Funciones del Consejo de la Unión Europea
Aprobación de la legislación europea, conjuntamente con el Parlamento.
Coordinación de la política económica.
Firma de acuerdos internacionales.
Aprobación del presupuesto anual de la UE, junto con el Parlamento.
Desarrollo la política exterior y la seguridad común.
Coordinación en materia de justicia y control de fronteras exteriores de la UE.

Eurogrupo

Dentro del Consejo de la Unión Europea, existen varios comités en los que se reúnen los diferentes ministros de cada país en función de las materias para tratar.

Uno de ellos es el denominado **Eurogrupo,** en el que participan los ministros de economía de los países de la zona euro.

Casos prácticos 1

Adopción de acuerdos por mayoría cualificada en el Consejo de la Unión Europea

¿Cuántos votos son necesarios para adoptar un acuerdo por mayoría cualificada en el Consejo de la Unión Europea?

Solución

En total hay 352 votos. Cuanta más población tiene un país más votos tiene, aunque se ha establecido un sistema de ponderación para que los países con menor población tengan algún poder de decisión. Por ejemplo, Alemania, Francia, Italia y Reino Unido tienen 29 votos; España y Polonia, 27; Rumanía, 14; mientras que los países menos poblados, como Chipre o Luxemburgo, tienen 4 votos, o Malta, que tiene 3 votos.

La mayoría cualificada supone unos requisitos mucho mayores que la mayoría absoluta. En el Consejo de la UE se aprobará un acuerdo por mayoría cualificada cuando se den todos los siguientes requisitos:

- Voten a favor del acuerdo el número de países establecido para cada caso (como mínimo la mayoría absoluta de los 28 y, a veces, incluso dos tercios).
- Se emitan como mínimo 260 votos de los 352.
- Los países que hayan votado a favor sumen, como mínimo, el 62% de la población de la UE.

3.4 > La Comisión Europea

La Comisión Europea es una institución cuya misión es **representar y defender los intereses del conjunto de la Unión Europea;** por ello, es independiente de los Gobiernos nacionales.

Tiene su sede en Bruselas (Bélgica), oficinas en Luxemburgo, representaciones en todos los países de la UE y delegaciones en muchas capitales de todo el mundo.

Está compuesto por 28 miembros (uno por cada país), denominados **comisarios**, que deben actuar en exclusivo interés de la UE, sin aceptar instrucciones de los Gobiernos nacionales.

Al frente de la Comisión hay **un presidente** y **dos vicepresidentes**. El presidente y los comisarios son designados, por un periodo de cinco años, por el Consejo Europeo con la aprobación del Parlamento.

Alto Representante de la Unión para Asuntos Exteriores y Política de Seguridad

Es uno de los dos vicepresidentes de la Comisión. Es el jefe de la diplomacia comunitaria y además dirige y ejecuta la política exterior y de seguridad común de la Unión.

Funciones de la Comisión Europea
Coordinar las políticas económicas generales de los Estados miembros.
Realizar propuestas de nueva legislación al Parlamento y al Consejo.
Gestionar y aplicar las políticas de la Unión, ejecutando los programas previstos y haciendo uso de los fondos europeos.
Hacer cumplir la legislación comunitaria, junto con el Tribunal de Justicia.
Representar a la UE ante otros países y organizaciones internacionales.

3.5 > El Tribunal de Justicia

Es la institución encargada del control judicial de la interpretación y aplicación del Derecho Comunitario, velando porque sea cumplido por los ciudadanos, empresas, Estados e instituciones comunitarias. Por ello, tiene poder para resolver conflictos legales entre Estados miembros, instituciones de la UE, empresas y particulares.

Tiene su sede en Luxemburgo y está integrado por **28 jueces** (uno por cada Estado miembro) asistidos por **un secretario** y **nueve abogados generales**, cuya función consiste en presentar dictámenes imparciales e independientes sobre los asuntos planteados ante el Tribunal.

El Tribunal General

Es una institución creada para ayudar al Tribunal de Justicia a hacer frente al gran número de casos planteados.

Es competente para resolver los recursos interpuestos por particulares, empresas y algunas organizaciones, y asuntos relacionados con el Derecho de Competencia.

Procedimientos ante el Tribunal de Justicia	
Cuestiones prejudiciales	Los órganos judiciales de cualquier Estado miembro piden al Tribunal que interprete alguna norma comunitaria, porque es aplicable en el proceso que están juzgando.
Recursos por incumplimiento	Se interponen por la Comisión contra los Gobiernos de los países miembros por no aplicar el Derecho de la UE.
Recursos de anulación	En ellos se solicita la anulación de normas de la UE que se considera que vulneran los tratados o los derechos fundamentales de la Unión.
Recursos por omisión	Se interponen contra las instituciones de la UE, por no haber adoptado determinadas resoluciones que debían tomar.
Recursos directos	Se pueden interponer por particulares, empresas u organizaciones contra acciones o decisiones de la UE que les afecten.

3.6 > El Tribunal de Cuentas

Es el órgano encargado de **fiscalizar las finanzas de la Unión**, comprobando que los fondos de la UE se gestionan correctamente; para ello, pueden auditar a cualquier persona u organización que maneje dichos fondos.

Se compone por un miembro de cada país de la UE, designado por el Consejo por un periodo renovable de 6 años. De entre sus miembros se elige a uno de ellos como presidente por un periodo de 3 años.

Su principal función es comprobar la correcta ejecución del presupuesto de la UE, examinando la totalidad de las cuentas de ingresos y gastos tanto de la Unión como de cualquier organismo creado por la Unión. También puede investigar a cualquier persona u organización que gestione fondos de la Unión Europea.

Sus conclusiones se plasman en **informes**, que presentan ante la Comisión y los Estados miembros. Además, cada año ha de presentar al Parlamento Europeo y al Consejo un informe sobre el ejercicio presupuestario anterior, así como informar a los ciudadanos europeos sobre asuntos de especial interés.

En el Tribunal de Cuentas desarrollan su actividad los **auditores**, que realizan frecuentemente viajes de inspección a otras instituciones de la Unión, los Estados miembros y cualquier país que reciba ayuda de la UE. Si descubren fraudes o irregularidades, informan a la **Oficina Europea de Lucha contra el Fraude (OLAF)**, que es un organismo especializado de la Comisión Europea.

Fondo Social Europeo

Recursos económicos que la Comisión Europea pone a disposición de los Estados miembros con el fin de financiar proyectos sociales, de empleo, educativos y de mejora de los servicios públicos.

Casos prácticos 2

Mala gestión de fondos de la UE

Una entidad dedicada a impartir cursos de formación financiados por la UE ha sido denunciada por el Tribunal de Cuentas, porque ha detectado irregularidades en la gestión de dichos fondos. ¿Cómo se desarrollará el procedimiento para aclarar la situación?

Solución

Los auditores contactarán con la Oficina Europea de Lucha contra el Fraude, para que investigue el caso, y si se demuestran dichas irregularidades, esta oficina informará a la Comisión para que tome las medidas oportunas (por ejemplo, la denuncia de los hechos ante las autoridades locales la solicitud de devolución de los fondos).

Actividades

7·· ¿Qué similitudes y diferencias existen entre el Parlamento Europeo y el nuestro?

8·· ¿Cuáles son las instituciones españolas equivalentes a las europeas?

9·· Si se produjera un conflicto legal entre dos países miembros de la UE, ¿qué institución sería la encargada de resolverlo?

4 >> Otras instituciones comunitarias

Además de las instituciones que hemos visto, existen una serie de organismos que también juegan un importante papel en el funcionamiento de la UE.

Instituciones	Funciones
Banco Central Europeo	Responsable de la política monetaria europea.
Servicio Europeo de Acción Exterior (SEAE)	Coordina la política exterior y de seguridad común de la UE.
Comité Económico y Social Europeo	Representa a los agentes económicos y sociales (organizaciones empresariales, sindicales o de consumidores).
Comité de las Regiones	Representa a las autoridades regionales y locales de la UE.
Banco Europeo de Inversiones	Financia proyectos de inversión y desarrollo y ayuda a pequeñas empresas a través del Fondo Europeo de Inversiones.
Defensor del Pueblo	Investiga las denuncias sobre la mala gestión de las instituciones y organismos de la UE y los posibles abusos en que incurran.
Supervisor Europeo de Protección de Datos	Protege el respeto a la intimidad de los datos personales de los ciudadanos por parte de las instituciones y organismos de la UE.
Oficina de Publicaciones	Publica el Diario Oficial de la Unión Europea.
Oficina Europea de Selección de Personal	Contrata al personal de las instituciones y organismos de la UE.
Agencias y otros organismos de la UE	Las agencias de la UE son entidades, independientes de las instituciones de la UE, cuya finalidad es realizar tareas específicas. Hay más de cuarenta agencias divididas en cuatro grupos: **Agencias descentralizadas** (llevan a cabo tareas técnicas, científicas o administrativas), **Agencias ejecutivas** (ayudan a la Comisión Europea a gestionar los programas de la UE), **Agencias de EURATOM** y el **Instituto Europeo de Innovación y Tecnología (EIT).**

Ejemplos

2

Funcionamiento del Comité de las Regiones

Si la Comisión Europea quiere legislar sobre alguna materia que afecta directamente a los entes regionales y locales de los países miembros (en nuestro caso, comunidades autónomas y entidades locales), debe consultar al Comité de las Regiones con el fin de conocer su opinión al respecto.

El Comité emite informes denominados dictámenes (que ya hemos visto que son normas jurídicas no vinculantes) en los que expone los puntos de vista regionales y locales sobre la legislación de la UE.

Actividades

10·· Un país miembro de la UE quiere llevar a cabo un proyecto de desarrollo de un área rural; ¿podría solicitar la ayuda de algún organismo europeo?

11·· Sonia quiere trabajar en algún organismo o institución de la UE. ¿Dónde debe informarse acerca de los procesos de selección de personal?

Actividades finales

1·· ¿Por qué crees que la UE ha decidido crear unos símbolos? Búscalos en la página web de la UE, www.europa.eu y realiza una presentación que los incluya y explique su significado.

2·· Indica el tipo de norma que la UE tendría que dictar en cada uno de los siguientes casos:

a) Empresa establecida en la UE que está abusando de su posición dominante en el mercado, y se pretende que cese en dicha actuación.
b) Valoración por parte de la Comisión Europea de la situación económica de un Estado miembro.
c) Conseguir que todos los ciudadanos de la UE tengan iguales derechos en materia de protección de los consumidores.
d) Cuando se pretende que un solo Estado miembro adopte las medidas necesarias para adaptar sus normas nacionales a las europeas en materia de prevención de accidentes de trabajo.

3·· ¿Cómo están repartidos en la UE los poderes legislativo, ejecutivo y judicial?

4·· ¿Cuál es el órgano equivalente a la Comisaría Europea de Salud, a escala nacional?

5·· Un ciudadano de la UE quiere denunciar a su Gobierno por haber incumplido la normativa europea; ¿a qué tribunal europeo debe acudir?

6·· Una comunidad autónoma recibe fondos de la UE para que sean destinados a fines sociales y culturales. ¿Existe alguna institución u organismo de la UE que pueda llevar a cabo auditorías o investigaciones relativas al uso que se da a esos fondos? En caso de existir, ¿cuál es el procedimiento de actuación?

7·· Una empresa no está conforme con el trato recibido por parte de un organismo europeo; ¿puede denunciar dicha actuación? ¿Ante quién?

8·· Busca en Internet información relativa al Diario Oficial de la UE. ¿Cuál es su principal función? ¿Cuáles son los diarios oficiales a escala nacional y de tu comunidad autónoma?

9·· Indica el organismo de la UE al que habría que acudir en cada uno de los siguientes casos:

a) Aprobación por parte de la UE de normativa que afecte al territorio de una comunidad autónoma.
b) Solicitud de ayudas económicas para pequeñas empresas de la UE.
c) Denuncia por trato inadecuado por parte del personal de la UE hacia un ciudadano.
d) Adopción por parte de la UE de normativa referente a los consumidores y usuarios.
e) Aumento de precios en la zona euro.
f) Gestión inadecuada de los datos de un ciudadano por parte de una institución europea.

10·· Si se produce un conflicto a escala internacional y se solicita la participación de la UE para mediar en su resolución, ¿cuál sería el organismo que debería participar con el fin de coordinar la toma de decisiones y la actuación de todos los países miembros? ¿Por qué?

11·· Analiza situaciones de tu vida cotidiana y busca su relación con los distintos aspectos de la Unión Europea (legislación, símbolos, instituciones, organismos).

12·· ¿Qué funciones le corresponden a cada Estado miembro de la Unión Europa cuando asume la presidencia del Consejo de la UE?

13·· Busca en algún producto que hayas comprado recientemente información sobre la "garantía europea" y analiza en qué consiste y qué derechos supone para los consumidores.

14·· "El comisario de Agricultura designado por España es el ministro de Agricultura y representa los intereses de nuestro país ante la UE". ¿Es correcta esta afirmación? ¿Por qué?

Casos finales

Acceso a la UE

Un país europeo, no perteneciente a la Unión, desea acceder a esta. Desconoce cuáles son los requisitos que ha de cumplir y cómo está organizada. También le interesa saber qué tipo de normas jurídicas puede dictar la Unión para determinar si es necesario que reforme su ordenamiento jurídico nacional.

a) ¿Qué requisitos debe cumplir para poder ser admitido en la UE?
b) ¿Cómo está organizada la Unión Europea?
c) ¿Qué tipo de normas jurídicas puede dictar la UE? ¿Tendría que reformar su ordenamiento jurídico?
d) Si este nuevo Estado fuera admitido, ¿cuántos Estados miembros compondrían la Unión?

Conflicto entre la Comisión Europea y un Estado miembro

Entre la Comisión Europea y un estado miembro surge un conflicto relativo a la aplicación de una directiva comunitaria. El estado considera que dicha directi-va vulnera lo establecido en los tratados, mientras que la Comisión cree que es el Gobierno del Estado miembro el que no está aplicando el Derecho de la UE.

a) ¿Qué tipo de recurso debe interponer la Comisión ante el Tribunal de Justicia para que se condene al Estado por incumplimiento?
b) Si es el Estado miembro quien considera que se está vulnerado el Derecho de la UE, ¿puede interponer algún tipo de recurso ante el Tribunal de Justicia?

Derechos de los ciudadanos de la Unión Europea

Rodrigo ha terminado el ciclo de Gestión Administrativa y ha encontrado trabajo en un Estado miembro de la UE. Mientras se encuentra allí residiendo, se convocan elecciones al Parlamento Europeo y tiene la intención de participar en ellas, aunque no sabe si puede hacerlo.

Por ello, acude a las autoridades del país y le informan de que al no ser nacional de dicho Estado, aunque lo sea de otro, no puede participar.

a) ¿Es correcta la respuesta que recibe Rodrigo?
b) ¿Puede participar en dichas elecciones tanto en condición de elector como de elegible?

Autoevaluación

1. Forman parte del Derecho Originario de la UE:

a) Las directivas.
b) Los tratados constitutivos.
c) Los reglamentos.
d) La a y la b son correctas.

2. La institución cuya misión es representar y defender los intereses del conjunto de la UE, que es independiente de los Gobiernos nacionales, es:

a) El Parlamento Europeo.
b) La Comisión Europea.
c) El Consejo Europeo.
d) El Consejo de la UE.

3. ¿Qué procedimiento puede iniciar el órgano judicial de un Estado miembro para pedir al Tribunal de Justicia que interprete alguna norma comunitaria porque es aplicable en el proceso que está juzgando?

a) Recurso por incumplimiento.
b) Recurso por omisión.
c) Cuestión prejudicial.
d) Recurso directo.

4. La institución donde se reúnen los jefes de Estado o de Gobierno de los países miembros es:

a) Consejo de la UE.
b) Comisión.
c) Parlamento.
d) Consejo Europeo.

5. Los miembros de la Comisión Europea se denominan:

a) Comisionados.
b) Eurodiputados.
c) Comisarios.
d) Consejeros.

6. Los miembros del COREPER actúan dentro de:

a) Parlamento.
b) Comisión.
c) Consejo de la UE.
d) Tribunal de Justicia.

7. El órgano judicial encargado de los recursos presentados por particulares y empresas es:

a) Tribunal General.
b) Tribunal de Cuentas.
c) Tribunal Supremo.
d) Tribunal Internacional.

8. El organismo encargado de financiar proyectos de inversión en la UE es:

a) Banco Europeo de Inversiones.
b) Fondo Social Europeo.
c) Banco Central Europeo.
d) Ninguna es correcta.

9. El organismo que representa a las autoridades locales de la UE es:

a) Comité Económico.
b) Comité de las Regiones.
c) Consejo Social.
d) Comité Local.

10. ¿Cuáles son las dos instituciones que participan en el procedimiento legislativo ordinario desarrollado en la UE para cumplir la función legislativa?

a) Parlamento y Comisión.
b) Parlamento y Consejo de la UE.
c) Parlamento y Consejo Europeo.
d) Parlamento y Tribunal de Justicia.

Unidad 7

Los empleados públicos

Preguntas iniciales

1·· ¿Sabes qué es un empleado público?

2·· ¿Conoces los derechos y deberes de los empleados públicos?

3·· ¿Conoces la forma de acceder a un puesto de trabajo en la Administración?

En esta unidad aprenderás a...

- Reconocer los tipos de empleados públicos e identificar sus derechos y deberes.
- Distinguir los sistemas de selección de personal empleados en la Administración.
- Diferenciar los grupos de clasificación profesional de los empleados públicos.

- **LOS EMPLEADOS PÚBLICOS**
  - **Ámbito de aplicación y sistemas de selección**
    - Oposición
    - Concurso
    - Concurso-oposición
  - **Empleados públicos y personal directivo**
    - Funcionarios de carrera
    - Funcionarios interinos
    - Personal laboral
    - Personal eventual
    - Personal directivo
  - **Derechos y deberes**
  - **Estructura del empleo**

Para el proyecto final

- Conocerás los derechos, deberes y el código de conducta de los empleados públicos.
- Identificarás los diferentes tipos de empleados públicos.
- Reconocerás los sistemas de selección de los empleados públicos.
- Observarás la estructura del empleo público.

1 >> Los empleados públicos

Para el ejercicio de las funciones que tienen encomendadas, las Administraciones Públicas necesitan contar con personas que lo hagan posible con su trabajo. Esas personas constituyen el personal al servicio de la Administración, también denominadas **empleados públicos.**

1.1 > Concepto y normativa aplicable

Son **empleados públicos** quienes desempeñan funciones retribuidas en las Administraciones Públicas al servicio de los intereses generales.

La regulación legal del personal al servicio de la Administración se recoge, con carácter general, en la **Ley 7/2007, de 12 de abril, del Estatuto Básico del Empleado Público.**

Ámbito de aplicación del Estatuto Básico del Empleado Público
Administración General del Estado.
Administraciones de las Comunidades Autónomas y de Ceuta y Melilla.
Administraciones de las Entidades Locales.
Organismos Públicos, Agencias y demás entidades de Derecho Público.
Universidades Públicas.

1.2 > Tipos de empleados públicos

Existen diferentes tipos de empleados públicos en función de su vinculación administrativa o laboral con la Administración.

Funcionarios de carrera

Son **funcionarios de carrera** quienes, en virtud de **nombramiento legal**, están vinculados a una Administración Pública por una **relación estatutaria** regulada por el Derecho Administrativo para el desempeño de servicios profesionales retribuidos de **carácter permanente**.

Los funcionarios de carrera deben superar un proceso de selección y establecen con la Administración una relación laboral de carácter especial que se basa en un nombramiento y no en un contrato de trabajo, por lo que está sujeta al Derecho Administrativo.

La condición de funcionario de carrera se adquiere por el cumplimiento sucesivo de los siguientes requisitos:

Requisitos para adquirir la condición de funcionario de carrera

- **Superación del proceso selectivo,** incluida la fase de prácticas.
- **Nombramiento** por el órgano o autoridad competente, que será publicado en el Diario Oficial correspondiente.
- **Acatamiento** de la Constitución y, en su caso, del Estatuto de Autonomía correspondiente y del resto del ordenamiento jurídico.
- **Toma de posesión** dentro del plazo establecido

Actividades

1·· Ana trabaja como auxiliar administrativa en el Ayuntamiento de su localidad. ¿Entraría dentro del ámbito de aplicación del Estatuto Básico del empleado público?

En la Administración hay previstos tres sistemas para la selección de funcionarios de carrera. Los sistemas ordinarios son los de **oposición** y **concurso-oposición**. Solo en virtud de ley podrá aplicarse, con carácter excepcional, el sistema de **concurso**.

Sistemas selectivos	Características
Oposición	Consiste en la comprobación de los conocimientos y la capacidad de los aspirantes, a través de exámenes orales o escritos, realización de ejercicios que demuestren la posesión de habilidades y destrezas, comprobación del dominio de lenguas extranjeras y, en su caso, superación de pruebas físicas.
Concurso	Valoración de méritos (titulación, antigüedad, cursos, etc.).
Concurso-oposición	Sistema mixto, con una fase de oposición y otra de concurso.

Funcionarios interinos

Los **funcionarios interinos** son quienes, por razones justificadas de **necesidad** y **urgencia**, son nombrados para desempeñar de **forma temporal** funciones propias de funcionarios de carrera.

Para poder nombrar un funcionario interino se debe dar alguna de las siguientes circunstancias:

Causas que dan lugar al nombramiento de funcionarios interinos
Existencia de plazas vacantes, cuya cobertura no sea posible por funcionarios de carrera.
Sustitución transitoria de los titulares del puesto de funcionario.
La ejecución de programas de carácter temporal, que no podrán tener una duración superior a tres años, ampliable hasta doce meses más.
El exceso o acumulación de tareas por plazo máximo de seis meses, dentro de un periodo de doce meses.

Es decir, los funcionarios interinos desempeñan las tareas reservadas a los funcionarios de carrera, pero de forma no permanente; por ello, perderán su condición de funcionarios cuando finalice la causa que dio lugar a su nombramiento.

La **selección** de funcionarios interinos tiene que realizarse mediante **procedimientos ágiles** que respeten los principios de igualdad, mérito, capacidad y publicidad.

Régimen aplicable a los funcionarios interinos

A los funcionarios interinos les será aplicable, en cuanto sea adecuado a su naturaleza, el régimen general de los funcionarios de carrera.

Ejemplos 1

Nombramiento de un funcionario interino

En un ambulatorio se ha producido una vacante, porque el único pediatra que había se ha jubilado.

Para cubrir su puesto, y hasta que se convoque un nuevo procedimiento selectivo, dicha plaza vacante puede ser cubierta por un funcionario interino, ya que se dan las circunstancias necesarias: hay una razón justificada de necesidad y urgencia y existe una plaza vacante, que de momento no puede ser cubierta por un funcionario de carrera.

Personal directivo

Es el personal que desarrolla funciones directivas profesionales en las Administraciones Públicas.

Se designará atendiendo a los principios de mérito y capacidad y a criterios de idoneidad, a través de procedimientos que garanticen la publicidad y concurrencia.

Está sujeto a evaluación con arreglo a los criterios de eficacia y eficiencia, responsabilidad por su gestión y control de resultados en relación con los objetivos que les han sido fijados.

Personal laboral

Es **personal laboral** el que en virtud de **contrato de trabajo** formalizado por escrito, en cualquiera de las modalidades de contratación de personal previstas en la legislación laboral, presta servicios retribuidos por las Administraciones Públicas.

En función de la duración del contrato, este podrá ser **fijo**, por **tiempo indefinido** o **temporal**.

Los criterios para la determinación de los puestos de trabajo que pueden ser desempeñados por personal laboral se determinarán en cada momento por las leyes de función pública vigentes.

Los **sistemas selectivos** de **personal laboral fijo** serán los de **oposición**, **concurso-oposición** o **concurso** de valoración de méritos.

Personal eventual

El **personal eventual** es el que, en virtud de nombramiento y con carácter no permanente, solo realiza funciones expresamente calificadas como de **confianza** o **asesoramiento especial**, siendo retribuido con cargo a los créditos presupuestarios consignados para este fin.

Su nombramiento y cese serán libres. El cese tendrá lugar, en todo caso, cuando se produzca el de la autoridad a la que se preste la función de confianza o asesoramiento.

La condición de personal eventual no podrá constituir mérito para el acceso a la función pública o para la promoción interna.

Al personal eventual le será aplicable, en lo que sea adecuado a su condición, el régimen general de los funcionarios de carrera.

Casos prácticos 1

Personal eventual

Un ministro ha nombrado a un profesor universitario para que le asesore sobre determinadas materias:

a) ¿Qué tipo de empleado público será ese asesor?
b) ¿Podrá seguir desempeñando su labor cuando el ministro deje el cargo?

Solución

a) Se trata de personal eventual, ya que realiza funciones de confianza o asesoramiento especial.
b) No, ya que su cese tendrá lugar cuando se produzca el de la autoridad que le nombró.

Actividades

2·· Una prueba que tenga como objetivo determinar la capacidad de un aspirante a bombero para recorrer nadando una distancia determinada, ¿de qué tipo de sistema de selección de personal se trata?

2 >> Derechos y deberes

El Estatuto Básico del Empleado Público clasifica los derechos y deberes del personal al servicio de la Administración de la siguiente forma.

2.1 > Derechos

Los funcionarios públicos tienen los siguientes derechos:

Derechos de los funcionarios públicos		
Derechos individuales	- **Inamovilidad** en la condición de funcionario de carrera (ningún funcionario puede perder su condición como tal excepto por las causas legalmente previstas o como consecuencia de sanción disciplinaria). - **Respeto de su intimidad, orientación sexual, propia imagen y dignidad.** - **No discriminación.** - Adopción de medidas que favorezcan la **conciliación** de la vida personal, familiar y laboral. - **Libertad de expresión** dentro de los límites del ordenamiento jurídico. - **Protección eficaz** en materia de **seguridad y salud en el trabajo.** - **Libertad sindical, negociación colectiva** y ejercicio de la **huelga.**	
Derecho a la carrera profesional y a la promoción interna	Los funcionarios de carrera tienen derecho a la promoción profesional. Para ello, las Administraciones Públicas establecen un sistema de **promoción interna** mediante procesos selectivos que permiten que los funcionarios puedan ascender desde su grupo o subgrupo a otro superior. Para poder participar en dichos procesos deben poseer los requisitos exigidos para el ingreso en ese grupo o subgrupo, tener una antigüedad de al menos 2 años y superar las correspondientes pruebas selectivas. Las Administraciones Públicas establecerán sistemas que permitan la evaluación del desempeño de sus empleados para medir y valorar su conducta profesional y rendimiento y determinar sus efectos en la carrera profesional, la provisión de puestos de trabajo y la percepción de retribuciones complementarias.	
Derechos retributivos	Los funcionarios tienen derecho a percibir las **retribuciones** y las **indemnizaciones** que por razón del servicio les correspondan. Las retribuciones son de dos tipos:	**Básicas:** retribuyen al funcionario según el cuerpo, escala, subgrupo o grupo de clasificación profesional al que pertenezcan **(sueldo)** y por su antigüedad en él **(trienios)**.
		Complementarias: retribuyen la carrera profesional **(complemento de destino),** las características de los puestos de trabajo **(complemento específico)** o el desempeño, rendimiento o resultados alcanzados por el funcionario **(complemento de productividad).**
Otros derechos	- Derecho a la **negociación colectiva, representación, participación institucional** y **derecho de reunión.** - Derecho a la **jornada de trabajo, permisos y vacaciones.**	

Actividades

3·· Analiza la siguiente frase y explica si es correcta o no: "Los funcionarios, como trabajan para la Administración prestando un servicio público, no pueden pertenecer a ningún sindicato ni ejercer el derecho de huelga".

4·· Un funcionario ha tenido que desplazarse durante la jornada a otro centro de trabajo situado en otra localidad, por razones de servicio. ¿Tiene derecho a percibir algún tipo de compensación?

2.2 > Deberes. Código de conducta

Los empleados públicos deben desempeñar con diligencia las tareas que tienen asignadas y velar por los intereses generales con sujeción a la Constitución y al resto del ordenamiento jurídico.

En el desempeño de sus cargos, los empleados públicos deberán obrar según los siguientes principios:

Principios de actuación de los empleados públicos		
- Objetividad. - Integridad. - Neutralidad. - Responsabilidad. - Ejemplaridad. - Austeridad.	- Accesibilidad. - Eficacia. - Imparcialidad. - Confidencialidad. - Dedicación al servicio público. - Transparencia.	- Honradez. - Promoción del entorno cultural y medioambiental. - Respeto de la igualdad entre hombres y mujeres.

Además, los empleados públicos deben actuar con arreglo a los siguientes principios éticos y de conducta:

Principios éticos y de conducta

- Abstenerse de participar en asuntos en los que tengan un interés personal.
- No aceptar trato de favor que implique privilegio o ventaja injustificada para personas físicas o entidades privadas.
- Guardar secreto, mantener discreción y no hacer uso de la información obtenida por razón de su cargo para beneficio propio o de terceros en perjuicio del interés general.
- Tratar con atención y respeto a los ciudadanos, compañeros y superiores.
- Informar a los ciudadanos y facilitarles el ejercicio de sus derechos y el cumplimiento de sus obligaciones.
- Mantener actualizada su formación y respetar las normas de seguridad y salud laboral.
- Garantizar la atención al ciudadano en la lengua que lo solicite, siempre que sea oficial en el territorio.

Casos prácticos 2

Abstención por causas familiares

María necesita realizar unos trámites relacionados con unos bienes familiares y acude al ministerio donde trabaja su hermano. ¿Puede este funcionario realizar dichos trámites?

Solución

No, ya que el código de conducta dispone que los funcionarios deben abstenerse de intervenir en asuntos en los que tengan un interés personal, así como de toda actividad privada o interés que pueda suponer un conflicto con su puesto público.

Actividades

5·· Lucía es funcionaria desde hace cuatro años y desea acceder de su grupo a otro superior; ¿además de la antigüedad, qué otros requisitos debe cumplir?

6·· Samuel acude a la delegación de la Agencia Tributaria de su provincia para presentar la declaración de la renta. Se ha informado telefónicamente de los documentos que debe llevar, pero el funcionario que le atiende no le permite su presentación. ¿Es correcta está actuación del empleado público? ¿Por qué?

3 >> Estructura del empleo público

Los empleados públicos tienen derecho al desempeño de un puesto de trabajo de acuerdo con la estructura que establezcan las leyes.

Las Administraciones Públicas organizan a su personal según las necesidades del servicio, a través de las **relaciones de puestos de trabajo**, que sirven para identificarlos y clasificarlos, indicando su denominación, el grupo al que pertenecen, su sistema de provisión y las retribuciones complementarias que les corresponden.

Casos prácticos 3

Relación de puestos de trabajo

La siguiente tabla muestra parte de la relación de los puestos de trabajo de una Administración Pública.

En ella se recogen la denominación de los puestos de trabajo existentes, el número de trabajadores que desempeñan cada uno de esos puestos de trabajo, el grupo a que pertenece cada puesto, el nivel de complemento de destino que le corresponde, el complemento específico que lleva aparejado su desempeño y, finalmente, el sistema de provisión (oposición, concurso o concurso-oposición).

CÓDIGO	DENOMINACIÓN	NÚM.	NIVEL	GRUPO	C. ESP (euros)	PROV.
001	ARQUITECTO	1	26	A1	26.452,52	Conc.
002	APAREJADOR	2	22	A2	23.258,42	Conc.-opos.
003	ADMINISTRATIVO	3	18	C1	18.042,25	Opos.
004	AUXILIAR	5	16	C2	9.952,14	Opos.

3.1 > Acceso al empleo público

Todos los ciudadanos tienen derecho al **acceso al empleo público** según los principios constitucionales de **igualdad**, **mérito** y **capacidad**.

Principios que deben regir el acceso al empleo público

- Publicidad de las convocatorias y de sus bases.
- Transparencia.
- Imparcialidad y profesionalidad de los órganos de selección.
- Independencia en la actuación de los órganos de selección.
- Adecuación de los procesos selectivos y las funciones o tareas para desarrollar.
- Agilidad, sin perjuicio de la objetividad, en los procesos de selección.

Los órganos de Gobierno de las Administraciones Públicas transmitirán la **Oferta de Empleo Público**, que deberá ser publicada en el Diario oficial correspondiente y deberá estar a disposición de los ciudadanos en las sedes de los órganos convocantes así como a través de las páginas web de las respectivas Administraciones.

Esta oferta contiene el listado con las necesidades de recursos humanos en la Administración que deben cubrirse mediante la incorporación de personal de nuevo ingreso, así como la asignación presupuestaria necesaria para llevar a cabo dicha provisión.

3.2 > Cuerpos y escalas

Los funcionarios se agrupan en **cuerpos**, **escalas**, **especialidades** u otros sistemas según las competencias, capacidades y conocimientos, acreditados a través de un proceso selectivo.

Cada funcionario puede ocupar diferentes puestos y prestar su trabajo en diferentes destinos dentro de la Administración.

Para garantizar el derecho de los funcionarios a la movilidad entre los diferentes puestos de trabajo, se establecen los procedimientos de concurso y de libre designación con convocatoria pública.

Clasificación profesional del personal laboral

El personal laboral se clasificará de conformidad con la legislación laboral.

3.3 > Grupos de clasificación profesional

Los cuerpos y escalas se clasifican, de acuerdo con la titulación exigida para el acceso a estos, en los siguientes **grupos** y **subgrupos**:

Grupos de clasificación profesional

Grupo	Subgrupo	Titulación exigida
A	A1	Título universitario de grado. La clasificación en cada subgrupo estará en función del nivel de responsabilidad, de las funciones que se van a desempeñar y de las características de las pruebas de acceso.
	A2	
B		Título de técnico superior.
C	C1	Título de bachiller o técnico.
	C2	Título de graduado en educación secundaria obligatoria.

Casos prácticos 4

Clasificación profesional de un funcionario

Óscar está en posesión del título universitario de grado y Lucía tiene el título de técnico. ¿A qué grupo o subgrupo de clasificación profesional podrán optar dentro de la Administración?

Solución

- Óscar podrá optar a plazas dentro del grupo A (tanto en el subgrupo A1 como en el A2), dependiendo del nivel de responsabilidad de las funciones para desempeñar y de las características de las pruebas de acceso. Lógicamente, también podría optar a las plazas de los grupos B y C, pues la titulación más alta supone que se dispone también de las demás.
- Lucía podrá optar a plazas dentro del subgrupo C1, para el que le habilita su titulación, y también para el subgrupo C2, pues requiere una titulación inferior. No podrá optar a plazas de los grupos A y B.

Actividades

7·· Iván acaba de obtener su título de técnico en Gestión Administrativa y quiere optar a un puesto de auxiliar administrativo en la Administración General del Estado, pero desconoce si este año se convocarán procedimientos selectivos para cubrir esas plazas. ¿Dónde puede obtener información al respecto?

8·· ¿Puede un funcionario a lo largo de su carrera profesional cambiar de puesto de trabajo dentro de la Administración? ¿Cómo?

Actividades finales

1·· Señala si los siguientes empleados públicos estarían incluidos dentro del ámbito de aplicación del Estatuto Básico del Empleado Público.

a) Funcionario de carrera del Ayuntamiento de Santa Cruz de Tenerife.
b) Personal laboral de la Consejería de Educación de la Junta de Andalucía.
c) Funcionario interino de la Universidad Autónoma de Barcelona.
d) Personal eventual de la Ciudad Autónoma de Ceuta.

2·· ¿Sería válido un sistema de selección de personal por parte de la Administración que consistiera únicamente en la valoración de la experiencia profesional de los aspirantes?

3·· Un aspirante ha superado el proceso selectivo para el acceso a la función pública, pero aún se encuentra en la fase de prácticas. ¿Se le puede considerar funcionario de carrera?

4·· Una funcionaria se encuentra de baja por maternidad. ¿Qué tipo de empleado público ocupará su plaza mientras dure la situación de baja?

5·· ¿Todos los empleados públicos están vinculados con la Administración por un nombramiento? ¿Qué otro tipo de vinculación laboral pueden establecer con la Administración?

6·· ¿Podría un funcionario de carrera ejercer también como personal eventual?

7·· Un ministro quiere nombrar a un nuevo director general. ¿Qué procedimiento debe seguir? ¿De qué tipo de personal se trataría?

8·· Desde el punto de vista laboral, ¿qué característica poseen los funcionarios que los diferencia del resto de trabajadores?

9·· ¿Son iguales los derechos individuales de los empleados públicos y los de los trabajadores en general? ¿Hay alguno que les corresponda exclusivamente a ellos y no al resto de trabajadores?

10·· Si un funcionario, por razón de su cargo, conoce alguna información que perjudica el interés general, ¿puede revelarla? ¿Estaría infringiendo algún deber?

11·· Copia en tu cuaderno las siguientes tablas y une con flechas cada subgrupo profesional con la titulación académica exigida para acceder a cada uno.

B
A2
C2
C1
A1

Título universitario de grado
Técnico
Graduado en ESO
Técnico superior
Titulado en bachillerato

12·· ¿Sería válida la convocatoria de un proceso selectivo para acceder a un puesto de trabajo dentro de la Administración que no se hiciera pública? ¿Por qué?

13·· Desde hace cuatro años, Manuel es funcionario de carrera, perteneciente al grupo C2. Durante ese tiempo ha obtenido la titulación que necesita para poder optar a una plaza del subgrupo superior, el C1. Si se convocara un procedimiento selectivo por el sistema de promoción interna, ¿cumpliría todos los requisitos para poder presentarse?

Casos finales

Derechos de los funcionarios

Marta acaba de superar un proceso selectivo y ha obtenido una plaza de auxiliar administrativo en la Administración. Como toda persona que accede a un nuevo puesto de trabajo, desea conocer cuáles son sus derechos, sobre todo en materia de retribuciones, aunque también está muy interesada en ir mejorando poco a poco y poder acceder a otros puestos dentro de la Administración y no sabe muy bien cómo puede conseguirlo.

a) ¿Qué derechos le corresponden, especialmente en materia retributiva?
b) ¿Cómo puede ascender dentro de la Administración?

Gestión y selección del personal al servicio de la Administración

El Ayuntamiento de un municipio quiere reorganizar su plantilla según las necesidades del servicio y con el objetivo de optimizar los costes. Para ello, debe identificar y clasificar los puestos de trabajo para posteriormente determinar los que deben ser cubiertos, bien porque estén sin cubrir o bien porque se trate de nuevos puestos de trabajo.

Una vez realizadas estas tareas previas, concluye que deben convocar un procedimiento selectivo con el objetivo de proveer dichas plazas.

a) ¿Cuál es la herramienta con que cuenta el Ayuntamiento para identificar y clasificar los puestos de trabajo? ¿Qué datos debe contener?
b) ¿Qué procedimiento debe seguir para convocar el proceso selectivo? ¿Qué principios deben regir dicho procedimiento?

Ingreso en la Administración pública

Se ha convocado un proceso selectivo para la selección de dos auxiliares administrativos de tu comunidad autónoma. Las pruebas consisten en un examen de conocimientos y una prueba de mecanografía asistida por ordenador. Además, se valorará estar en posesión del certificado B1 de inglés.

a) ¿De qué sistema de selección de personal se trata?
b) Una vez superado el procedimiento selectivo, ¿accederás a un puesto de funcionario de carrera? ¿Qué requisitos deberás cumplir para adquirir de manera definitiva dicha condición?

Autoevaluación

1. Los empleados públicos pueden ser:

a) Únicamente funcionarios de carrera.
b) Además de los anteriores, funcionarios interinos.
c) Personal directivo.
d) Ninguna es correcta.

2. Los empleados públicos que, en virtud de un nombramiento legal, están vinculados a una Administración Pública por una relación estatutaria regulada por el Derecho Administrativo para el desempeño de servicios profesionales retribuidos de carácter permanente son denominados:

a) Funcionarios interinos.
b) Personal eventual.
c) Funcionarios de carrera.
d) Personal laboral.

3. Todos los ciudadanos tenemos derecho al acceso al empleo público de acuerdo con los principios de:

a) Igualdad, mérito y libertad.
b) Mérito, capacidad e igualdad.
c) Capacidad, mérito y publicidad.
d) Ninguna es correcta.

4. El listado que recoge las necesidades de recursos humanos en la Administración que deben cubrirse mediante la incorporación de personal de nuevo ingreso, así como la asignación presupuestaria necesaria para llevar a cabo dicha provisión, se denomina:

a) Relación de puestos de trabajo.
b) Oferta de empleo público.
c) Grupo de clasificación profesional.
d) Ninguna es correcta.

5. El personal que, en virtud de nombramiento, solo realiza funciones de asesoramiento o confianza especial es:

a) Eventual.
b) Laboral.
c) Directivo.
d) Interino.

6. Las retribuciones del funcionario que se establecen en función del grupo al que pertenece son:

a) Complementarias.
b) Salariales.
c) Básicas.
d) Extrasalariales.

7. El personal que, en virtud de contrato de trabajo formalizado por escrito, en cualquiera de las modalidades de contratación de personal previstas en la legislación laboral, presta servicios retribuidos por las Administraciones Públicas, se denomina:

a) Eventual.
b) Laboral.
c) Directivo.
d) Interino.

8. Las Administraciones Públicas organizan a su personal a través de:

a) La oferta de empleo público.
b) Las relaciones de puestos de trabajo.
c) Las convocatorias de oposición.
d) Ninguna es correcta.

9. Tratar con atención y respeto a los ciudadanos, compañeros y superiores es:

a) Un derecho de los funcionarios.
b) Un principio de actuación.
c) Un principio ético y de conducta.
d) Todas son correctas.

10. El sistema de selección de personal consistente solo en la valoración de méritos es:

a) Concurso.
b) Oposición.
c) Concurso-oposición.
d) No puede haber ningún sistema de ese tipo.

Unidad 8

Relaciones entre el administrado y la Administración Pública

Preguntas iniciales

1·· ¿Has visto algún acto administrativo (beca, multa, etc.)?

2·· ¿Cómo piensas que se cuentan los plazos a efectos administrativos?

3·· ¿Has participado alguna vez en un procedimiento administrativo?

4·· Si en tu comunidad autónoma existen varias lenguas oficiales, ¿sabes cómo se regula su empleo?

5·· ¿Has presentado alguna vez un recurso administrativo?

6·· ¿Sabes de qué se ocupa la jurisdicción administrativa?

En esta unidad aprenderás a...

- Clasificar los actos administrativos.
- Valorar las relaciones entre la Administración y los ciudadanos.
- Reconocer el procedimiento administrativo.
- Identificar los diferentes tipos de recursos administrativos.
- Conocer el procedimiento contencioso-administrativo.

- **LOS ACTOS ADMINISTRATIVOS. PROCEDIMIENTOS Y RECURSOS**
  - **Los actos administrativos**
    - Clases
    - Elementos
    - Eficacia y validez
    - Nulidad y anulabilidad
    - Cómputo de plazos
  - **El procedimiento administrativo**
    - Interesados
    - Fases
    - Silencio administrativo
  - **La revisión de los actos administrativos**
    - Los recursos administrativos
    - El recurso contencioso-administrativo

Para el proyecto final

- Diferenciarás los tipos de actos administrativos.
- Reconocerás los elementos y requisitos necesarios para que un acto administrativo sea válido.
- Identificarás las distintas fases del procedimiento administrativo.
- Realizarás trámites ante la Administración.
- Interpondrás recursos administrativos.

1 >> El acto administrativo

Las distintas administraciones públicas están constantemente relacionándose con los administrados a través de sus actuaciones y decisiones. La forma de expresar esta relación son los actos administrativos.

1.1 > Concepto

Los **actos administrativos** son declaraciones unilaterales emanadas de una Administración Pública y sometidos al Derecho Administrativo.

Para que un acto de la Administración pueda ser considerado administrativo, tiene que tener las siguientes características:

Características de los actos administrativos
Son declaraciones unilaterales realizadas por la Administración, ya sean de voluntad (resolución), conocimiento (certificado), juicio (informe) o deseo (propuesta).
Están sujetos al Derecho Administrativo.
Son dictados en virtud de una potestad distinta de la reglamentaria, por lo que no tienen carácter normativo sino, más bien, de aplicación de la normativa.
Son dictados por el órgano competente ajustándose al procedimiento legalmente establecido.
No pueden ir contra lo dispuesto por la Constitución o las leyes.
Para producir efectos deben ser válidamente notificados a sus destinatarios.

Casos prácticos **1**

Convocatoria de becas de estudios

La Consejería de Educación de una comunidad autónoma publica, en el diario oficial de esta, la convocatoria pública de becas de estudio para el presente curso, con el objetivo de que puedan optar a una beca todos los estudiantes que cumplan los requisitos que figuran en la convovatoria.

Solución

Esta convocatoria se considera un acto administrativo, ya que cumple con todos los requisitos legales para que pueda considerarse así:

- Es una declaración unilateral de voluntad de la Administración, sujeta al Derecho Administrativo.
- Ha sido dictada en virtud de la potestad administrativa que tiene atribuida la Consejería de Educación.
- En la convocatoria se establece el procedimiento que debe seguirse para participar y poder optar a la beca.
- Esta convocatoria no vulnera ni la Constitución ni las leyes, y para que produzca plenos efectos, se ha notificado a todos los interesados, en este caso, mediante la publicación en el diario oficial de la comunidad autónoma.

1.2 > Clases de actos administrativos

Los actos administrativos pueden ser, entre otros:

Criterios de clasificación	Tipo de actos	Características
Exteriorización de la voluntad de la Administración	**Actos expresos**	Existe una declaración de la Administración (por ejemplo, una resolución que se notifica a un administrado).
	Actos presuntos (silencio administrativo)	La Administración no resuelve expresa ni tácitamente y hay que presumir su voluntad (por ejemplo, cuando la Administración no responde al interesado una vez transcurrido el plazo que la ley establece para ello).
Efecto sobre el ámbito jurídico de los administrados	**Actos favorables**	Otorgan un derecho o liberan de una limitación a los particulares. Por ejemplo, una autorización.
	Actos de gravamen	Imponen una obligación o privan de algún derecho a los particulares. Por ejemplo, una multa o sanción.
Número de destinatarios	**Actos singulares**	Se dirigen a un destinatario concreto.
	Actos generales	Se dirigen a una pluralidad de destinatarios.
Fase del procedimiento	**Actos resolutivos**	Resuelven un procedimiento, decidiendo sobre el fondo del asunto planteado.
	Actos de trámite	Los demás actos previos a la resolución que son necesarios para dictar esta.
Finalización de la vía administrativa	**Actos que agotan la vía administrativa**	Actos que ya no son susceptibles de ningún recurso ordinario en vía administrativa y pasan a la vía judicial (contencioso-administrativa).
	Actos que no agotan la vía administrativa	Actos que pueden ser recurridos ante la Administración.

Ejemplos 1

Actos favorables y de gravamen

Los **actos favorables** pueden revestir diversas formas: **admisiones,** por ejemplo, ser admitido en un centro oficial; **concesiones,** por ejemplo, concesión oficial de una autopista de peaje; **aprobaciones,** por ejemplo, subvención para realizar una actividad empresarial, y **dispensas,** por ejemplo, licencia para abrir un establecimiento comercial.

También los **actos de gravamen** pueden ser de distintos tipo: **sanciones,** por ejemplo una multa de tráfico, **expropiaciones,** por ejemplo expropiación de una vivienda para realizar una obra pública; **órdenes preceptivas,** por ejemplo, el uso del cinturón de seguridad para circular en un vehículo y **prohibiciones,** por ejemplo, prohibición de estacionar en determinados lugares.

Actividades

1·· Pon un ejemplo de un acto administrativo que pueda ser clasificado, al mismo tiempo como expreso, favorable, singular, resolutivo y que no agote la vía administrativa.

2·· Un empresario ha solicitado una licencia al Ayuntamiento, para llevar a cabo unas obras de reforma de las instalaciones de su empresa. El Ayuntamiento le ha denegado dicha solicitud, alegando que la solicitud no cumple con los requisitos exigidos, pero indicándole que si no está conforme con dicha decisión, puede presentar un recurso contra esta. ¿De qué tipo de acto administrativo se trataría?

1.3 > Elementos del acto administrativo

En todo acto administrativo deben concurrir una serie de elementos subjetivos, objetivos y formales.

ELEMENTOS

- **Subjetivos**: Los actos administrativos deben ser emitidos por un órgano administrativo competente.
- **Objetivos**: El contenido del acto debe ser posible, lícito, determinado y adecuado a los fines que persigue.
- **Formales**: Los actos administrativos deben producirse a través de un procedimiento establecido y se emiten por escrito a menos que su naturaleza exija o permita otra forma más adecuada.

Cuando todos los elementos del acto administrativo se encuentran expresamente determinados en una norma, decimos que la Administración actúa con arreglo a una **potestad reglada.** Si alguno de ellos puede ser determinado libremente por la Administración, decimos que actúa con arreglo a una **potestad discrecional.**

Ejemplos

2

Elementos del acto administrativo

A partir de un acto administrativo (la concesión de una licencia de obras), vamos a identificar sus distintos elementos:

- **Elementos subjetivos:** gerente de Urbanismo y Vivienda, que es el sujeto que puede producir el acto administrativo.
- **Elementos objetivos:** contenido del acto y motivación; en este caso, la concesión de la licencia y sus condiciones.
- **Elementos formales:** el acto se ha dictado con base en un procedimiento y se ha exteriorizado por escrito.

> **AYUNTAMIENTO DE XXXX**
>
> Vista solicitud de licencia de obras presentada por D. Virgilio Sabina Varona, con fecha 22 de noviembre de 20XX para ejecución de obra de reforma de vivienda, sita en c/ Arenal, 12 de Xxxxx
>
> Visto informe favorable de los Servicios Técnicos Municipales, de fecha 1 de diciembre de 20XX y conforme a lo establecido en el artículo 15 del Reglamento Orgánico de este Ayuntamiento, **SE ACUERDA**: **Conceder la licencia de obras** con base en el siguiente condicionado:
>
> 1. Las obras se realizarán a salvo el derecho de propiedad y sin perjuicio de terceros.
> 2. La licencia se concede con estricta sujeción al proyecto autorizado.
>
> Lo que notifico para su conocimiento y efectos, advirtiéndole que contra dicho acuerdo cabrá interponer recurso de alzada ante el Concejal de Urbanismo y Vivienda, dentro del mes siguiente a la fecha de notificación de esta resolución.
>
> Xxxxxx, a 10 de diciembre de 20XX
>
> El gerente de Urbanismo y Vivienda

1.4 > Eficacia de los actos administrativos

Los actos de las Administraciones Públicas sujetos al Derecho Administrativo **se presumen válidos y producen efectos desde la fecha en que se dicten, salvo que en ellos se disponga otra cosa.**

La eficacia quedará demorada cuando así lo exija el contenido del acto o esté supeditada a su **notificación**, **publicación** o aprobación superior. Por lo tanto, la notificación o publicación son jurídicamente relevantes, ya que son una condición para que se produzca la eficacia del acto.

Notificación y publicación de los actos administrativos		
Notificación	Consiste en poner en conocimiento del interesado el acto y los recursos para impugnarlo y, para la Administración, dejar constancia de que el acto se ha comunicado a su destinatario y de la fecha de notificación, para poder determinar los plazos de los recursos y la fecha de firmeza del acto.	Se notificarán a los interesados las resoluciones y actos administrativos que afecten a sus derechos e intereses, dentro del plazo de diez días. Las notificaciones se practicarán por cualquier medio que permita tener constancia de la recepción por el interesado o su representante (incluyendo los telemáticos), así como de la fecha, la identidad y el contenido del acto notificado.
Publicación	Sustituye a la notificación surtiendo sus mismos efectos:	Cuando el acto tenga por destinatario a una pluralidad indeterminada de personas.
		Cuando se trate de actos integrantes de un procedimiento selectivo o de concurrencia competitiva de cualquier tipo.

Casos prácticos 2

Contenido de una notificación

¿Cuál es el contenido mínimo de la notificación de un acto administrativo?

Solución

La notificación de un acto administrativo debe contener:

- El texto íntegro de la resolución con indicación de si es o no definitivo en la vía administrativa.
- La expresión de los recursos que procedan, órgano ante el que hubieran de presentarse y plazo para interponerlos, sin perjuicio de que los interesados puedan ejercitar, en su caso, cualquier otro que estimen procedente.

Actividades

3·· Estás participando en un procedimiento selectivo para obtener un puesto de trabajo como auxiliar administrativo en la Administración al que se han presentado miles de aspirantes. Os informan de que los resultados se van a publicar y no se van a notificar a cada uno de los participantes individualmente. ¿Es correcta esta actuación por parte de la Administración?

4·· Un amigo que trabaja en la Administración de la Agencia Tributaria de la localidad en la que resides te manda un mensaje al teléfono móvil diciéndote que debes presentar una documentación en esta en relación a un procedimiento en el que participas como interesado. ¿Sustituye esta comunicación a la notificación? ¿Por qué?

1.5 > Validez de los actos administrativos

Aunque se presume que los actos de las administrativas son válidos, puede haber vicios que afecten a alguno de sus elementos y que ocasionen su invalidez.

Según la importancia y trascendencia del vicio de que se trate, la invalidez podrá alcanzar el grado de **nulidad** o **anulabilidad**.

Tipos de invalidez	Definición
Nulidad	Vicio que disminuye o anula la estimación o validez de los actos administrativos y evita que produzcan efectos jurídicos válidos. La nulidad de pleno derecho implica que el acto afectado por ella **carece de efectos** y **no puede ser subsanado.**
Anulabilidad	Posibilidad de que se anule una disposición administrativa que incurre en algún defecto, si no se subsana en el plazo establecido. Un acto anulable **produce efectos mientras no sea anulado** y puede ser **subsanado**.

Actos nulos	Actos anulables
- Los que lesionen los derechos y libertades constitucionales. - Los dictados por órgano manifiestamente incompetente. - Los que tengan un contenido imposible. - Los que sean constitutivos de infracción penal o se dicten como consecuencia de esta. - Los dictados prescindiendo total y absolutamente del procedimiento legalmente establecido. - Los actos contrarios al ordenamiento jurídico. - Los que regulen materias reservadas a la ley. - Los que establezcan la retroactividad de disposiciones sancionadoras no favorables o restrictivas de derechos individuales. - Cualquier otro que se establezca legalmente.	- Los actos de la Administración que incurran en cualquier infracción del ordenamiento jurídico. - El defecto de forma cuando el acto carezca de los requisitos formales indispensables para alcanzar su fin o dé lugar a la indefensión de los interesados. - La realización de actuaciones administrativas fuera del tiempo establecido para ellas cuando así lo imponga la naturaleza del término o plazo.

Casos prácticos

3

Eficacia y validez de los actos administrativos

Antonio debe realizar unas obras en su vivienda para las cuales debe obtener una licencia de obras en su Ayuntamiento. Días después de presentar la solicitud, se encuentra con un amigo que trabaja en el Ayuntamiento y le comunica que su solicitud ha sido aceptada, por lo que decide comenzar las obras. Al día siguiente del comienzo, la policía municipal le denuncia por carecer del permiso necesario, ante lo cual Antonio alega que su amigo del Ayuntamiento ya le había informado sobre la concesión del permiso.

a) ¿Sirve la comunicación de su amigo como notificación?
b) ¿Por qué motivo puede la policía municipal denunciar a Antonio?

Solución

a) No. Aunque su amigo trabaje en el Ayuntamiento, para que el acto tenga eficacia y sea válido, será necesario que la notificación se realice correctamente

b) Porque realmente aún carece del permiso para comenzar las obras, ya que no ha sido notificado correctamente y, sin ese requisito, los actos administrativos carecen de validez.

1.6 > Cómputo de plazos

Los términos y plazos establecidos en las leyes obligan a las autoridades, al personal al servicio de las Administraciones Públicas, así como a los interesados en estos.

Siempre que por ley o normativa comunitaria europea no se exprese otra cosa, **cuando los plazos se señalen por días, se entiende que estos son hábiles**, excluyéndose del cómputo los domingos y festivos. Cuando los plazos se señalen por días naturales, se hará constar esta circunstancia en las correspondientes notificaciones.

Cómputo de plazos	
Plazo fijado en meses o años	- Se computarán a partir del día siguiente a aquel en que tenga lugar la notificación o publicación del acto de que se trate. - Si en el mes de vencimiento no hubiera día equivalente a aquel en que comienza el cómputo, se entenderá que el plazo expira el último día del mes. - Cuando el último día del plazo sea inhábil, se entenderá prorrogado al primer día hábil siguiente.
Plazo fijado en días	Se contarán a partir del día siguiente a aquel en que tenga lugar la notificación o publicación del acto de que se trate o desde el siguiente a aquel en que se produzca la estimación o la desestimación por silencio administrativo.

La Administración General del Estado y las comunidades autónomas fijarán en su respectivo ámbito el calendario de días inhábiles a efectos de cómputos de plazos. Dicho calendario debe publicarse antes del comienzo de cada año en el diario oficial que corresponda y en otros medios de difusión que garanticen su conocimiento por los ciudadanos.

Cuando razones de interés público lo aconsejen, se podrá acordar, de oficio o a petición del interesado, la aplicación al procedimiento de la **tramitación de urgencia**, por la cual se reducirán a la mitad los plazos establecidos para el procedimiento ordinario, salvo los relativos a la presentación de solicitudes y recursos.

Asimismo, la Administración, salvo norma en contrario, podrá conceder una **ampliación de los plazos establecidos**, que no exceda de la mitad de los mismos, si las circunstancias lo aconsejan y con ello no se perjudican derechos de tercero. El acuerdo de ampliación deberá ser notificado a los interesados.

Actividades

5·· El Ayuntamiento de un municipio dicta un acto administrativo que establece sanciones económicas para todos los vecinos que durante los últimos dos años hayan realizado obras de reforma de sus viviendas, porque la nueva normativa, aprobada la semana pasada, así lo establece. ¿Es válido este acto administrativo? ¿Por qué?

6·· Si para la realización de un trámite se fija el plazo de un mes, a contar desde el 30 de enero, ¿cuándo finalizará dicho plazo?

7·· Tenemos diez días para presentar una reclamación. Si hemos recibido la notificación el lunes día 4, ¿cuándo finalizará el plazo?

2 >> El procedimiento administrativo

Como hemos visto en el apartado anterior, las distintas Administraciones Públicas están constantemente relacionándose con los administrados a través de sus actuaciones y decisiones. La forma de expresar esta relación son los actos administrativos.

La Ley regula cómo han de producirse dichos actos para garantizar la participación y los derechos de los ciudadanos ante la Administración, estableciendo para ello un **procedimiento** compuesto de una serie de fases. La importancia del procedimiento es tal, que de no seguirse, el acto administrativo podría considerarse nulo de pleno derecho.

2.1 > Los interesados en el procedimiento administrativo

No todas las personas pueden participar en todos los procedimientos. Para poder hacerlo es preciso reunir dos condiciones:

Condiciones para participar como interesado en un procedimiento administrativo	
Poseer capacidad de obrar	Tienen capacidad de obrar ante las Administraciones Públicas, además de las personas que la ostenten con arreglo a las normas civiles, los menores de edad para el ejercicio y defensa de sus derechos e intereses cuya actuación esté permitida por el ordenamiento jurídico-administrativo sin la asistencia de sus padres o tutores. Por ejemplo, un alumno menor de edad puede votar en las elecciones al consejo escolar de un centro.
Tener interés en el acto administrativo que resulte	Se considera que tienen interés en el procedimiento administrativo: - Quienes lo promuevan como titulares de derechos o intereses legítimos individuales o colectivos. - Los que, sin haber iniciado el procedimiento, tengan derechos que puedan resultar afectados por la decisión que en este se adopte. - Aquellos cuyos intereses legítimos, individuales o colectivos, puedan resultar afectados por la resolución y se personen en el procedimiento en tanto no haya recaído resolución definitiva. - Las asociaciones y organizaciones representativas de intereses económicos y sociales también pueden participar en los procedimientos como titulares de intereses legítimos colectivos en los términos que la ley reconozca.

Cualquier persona con capacidad de obrar puede actuar en **representación** de otra ante las Administraciones Públicas.

Para formular solicitudes, entablar recursos, desistir de acciones y renunciar a derechos en nombre de otra persona, deberá acreditarse la representación por cualquier medio que deje constancia, por ejemplo a través de una autorización. No será necesario, en cambio, para los actos y gestiones de mero trámite.

Actividades

8·· El Ayuntamiento va a proceder al asfaltado de una calle, lo que ocasionará que esté cerrada al tráfico durante una semana. Los vecinos de un inmueble situado en dicha calle necesitan poder acceder a sus garajes durante esos días para estacionar sus vehículos, por lo que solicitan que se les conceda un permiso municipal. ¿Se les puede considerar interesados?

2.2 > Fases del procedimiento administrativo

El procedimiento administrativo está dividido en cinco fases: iniciación, ordenación, instrucción, terminación y ejecución.

Iniciación

Los procedimientos pueden iniciarse de oficio o a solicitud de persona interesada.

Formas de iniciación del procedimiento administrativo	
Iniciación de oficio	La propia Administración es quien inicia el procedimiento, ya sea por propia iniciativa o como consecuencia de orden superior, a petición razonada de otros órganos o por denuncia.
Iniciación a instancia de parte interesada	La iniciación por persona interesada ha de hacerse mediante la presentación de una instancia o solicitud que ha de tener el siguiente contenido: - Nombre y apellidos del interesado y, en su caso, de la persona que lo represente, así como la identificación del medio preferente o del lugar que se señale a efectos de notificaciones. - Hechos, razones y petición en que se concrete, con toda claridad, la solicitud. - Lugar y fecha. Firma del solicitante. - Órgano, centro o unidad administrativa a la que se dirige. Si la solicitud no reúne los requisitos exigidos por la legislación aplicable, se requerirá al interesado para que, en un plazo de diez días, subsane la falta o acompañe los documentos preceptivos, con indicación de que, si así no lo hiciera, se le tendrá por desistido de su petición.

Ordenación

Más que una fase del procedimiento, la **ordenación** incluye una serie de principios y obligaciones que han de ser cumplidas tanto por la Administración como por los interesados a lo largo de todo el procedimiento.

Ordenación del procedimiento administrativo	
Impulso	El procedimiento se impulsará de oficio en todos sus trámites. En el despacho de los expedientes se guardará el orden riguroso de incoación en asuntos de homogénea naturaleza, salvo que por el titular de la unidad administrativa se dé orden motivada en contrario, de la que quede constancia. Por ejemplo, si una persona presenta una solicitud de licencia de obras en enero y otra en febrero, se tendrá que resolver en primer lugar aquella y luego esta.
Celeridad	Se acordarán en un solo acto todos los trámites que, por su naturaleza, admitan una impulsión simultánea y no sea obligado su cumplimiento sucesivo.
Cumplimiento de trámites	Los **trámites** que deban ser cumplimentados por los interesados deberán realizarse en el plazo de **diez días** a partir de la notificación del correspondiente acto, salvo que en la respectiva norma se fije un plazo distinto. Las **cuestiones incidentales** que se susciten en el procedimiento, salvo la recusación, no suspenderán su tramitación. Por ejemplo, si el órgano encargado de emitir un informe no lo hace dentro del plazo establecido para ello, el procedimiento continúa y el informe se incorporará a aquel cuando se emita, para no alargar el procedimiento.

Instrucción

Esta fase está integrada por los actos necesarios para la determinación, conocimiento y comprobación de los datos en virtud de los cuales se debe dictar la resolución.

Estos actos se realizarán de oficio por el órgano que tramite el procedimiento, sin perjuicio del derecho de los interesados a proponer aquellas actuaciones que requieran su intervención o constituyan trámites legal o reglamentariamente establecidos. Los actos de instrucción que requieran la intervención de los interesados han de practicarse en la forma que resulte más cómoda para ellos y sea compatible, en la medida de lo posible, con sus obligaciones laborales o profesionales.

Fases de la instrucción	
Alegaciones	Informaciones procedentes de los interesados, que en cualquier momento del procedimiento anterior al trámite de audiencia, pueden alegar y aportar documentos u otros elementos de juicio que estimen convenientes.
Prueba	Cuando la Administración no tenga por ciertos los hechos alegados por los interesados o la naturaleza del procedimiento lo exija, se puede acordar la apertura de un periodo de prueba, pudiendo el interesado nombrar técnicos para que le asistan.
Informes	Informaciones procedentes de órganos técnicos o especializados. Se solicitarán aquellos que sean preceptivos y los que se juzguen necesarios para resolver. Salvo disposición en contrario, los informes serán facultativos y no vinculantes.
Información pública	El órgano al que corresponda la resolución del procedimiento, cuando la naturaleza de este lo requiera, podrá acordar un periodo de información pública. A tal efecto, se anunciará en el Boletín Oficial del Estado, de la comunidad autónoma o en el de la provincia respectiva, a fin de que cualquier persona física o jurídica pueda examinar el procedimiento. El anuncio señalará el lugar de exhibición y determinará el plazo para formular alegaciones.
Trámite de audiencia	Inmediatamente antes de redactar la propuesta de resolución, se pondrán de manifiesto a los interesados las actuaciones realizadas para que puedan alegar y presentar los documentos y justificaciones que estimen pertinentes.

Ejemplos

3

Subsanación y mejora de la solicitud

En ocasiones, a la solicitud presentada por el interesado le puede faltar algún dato o puede estar incompleta. Si la solicitud no reúne los requisitos exigidos por la legislación aplicable, se requerirá al interesado para que, en un plazo de diez días, subsane la falta o acompañe los documentos preceptivos, con indicación de que, si así no lo hiciera, se le tendrá por desistido de su petición.

Actividades

9·· Indica si la siguiente afirmación es verdadera o falsa: "Para que un procedimiento administrativo ya iniciado siga su curso, es necesario que los interesados lo soliciten".

10·· El órgano administrativo que debe resolver un procedimiento necesita conocer unos datos técnicos que deben ser facilitados por expertos. ¿Qué tipo de medio de información precisa?

Finalización del procedimiento

El procedimiento puede finalizar por diversas formas.

Formas de terminación del procedimiento	
Terminación convencional	Las Administraciones Públicas pueden celebrar acuerdos, pactos, convenios o contratos con personas tanto de Derecho Público como Privado, siempre que no sean contrarios al ordenamiento jurídico ni versen sobre materias no susceptibles de acuerdo y que tengan por objeto satisfacer el interés público.
Resolución	Es el acto que pone fin al procedimiento y decidirá tanto las cuestiones planteadas por los interesados como las demás que se deriven del procedimiento. Las resoluciones contendrán la decisión, los recursos que contra esta procedan, órgano administrativo o judicial ante el que hubieran de presentarse y plazo para interponerlos.
Desistimiento y renuncia	Todo interesado puede desistir de su solicitud o renunciar a sus derechos siempre y cuando no esté prohibido por el ordenamiento jurídico o se trate de cuestiones relativas al interés general. El desistimiento implica no continuar con el procedimiento, pero permite iniciar otro en el futuro, mientras que la renuncia impide plantear posteriormente otro procedimiento basado en el mismo derecho al que se ha renunciado.
Caducidad	En los procedimientos iniciados a solicitud del interesado, cuando se produzca su paralización por causa imputable a este, la Administración le advertirá de que transcurridos tres meses, se producirá la caducidad de este.

Ejecución

Los actos de la Administración sujetos al Derecho Administrativo serán **inmediatamente ejecutivos**, salvo en aquellos casos en que una disposición establezca lo contrario o necesiten aprobación o autorización superior. Las Administraciones Públicas podrán proceder, previo apercibimiento, a la ejecución forzosa de los actos administrativos.

Medios de ejecución forzosa de los actos administrativos	
Apremio sobre el patrimonio	Si la ejecución versara sobre la obligación de pago de una cantidad líquida, se seguirá el procedimiento ejecutivo (recargo de apremio, embargo, subasta, etc.).
Ejecución subsidiaria	Cuando se trate de actos que pueden ser realizados por sujeto distinto del obligado, la Administración realizará el acto o lo encargará a otros, a costa del obligado. Por ejemplo, reparar un edificio ruinoso del obligado.
Multas coercitivas	Cuando lo autoricen las leyes, para la ejecución de determinados actos, podrán imponerse multas coercitivas.
Compulsión sobre las personas	Se obliga a cumplir, incluso usando la fuerza. Por ejemplo, soportar una cuarentena en una epidemia.

Actividades

11·· Laura ha finalizado sus estudios y ha solicitado una ayuda para la puesta en marcha de su empresa, acogiéndose a un programa de ayudas que ofrece su comunidad autónoma. Le han concedido la ayuda, pero al final ha encontrado trabajo y decide renunciar a esta. ¿Puede hacerlo? ¿Podría en un futuro volver a solicitar la misma ayuda?

2.3 > Silencio administrativo

La Administración **está obligada a dictar resolución expresa** en todos los procedimientos y a notificarla cualquiera que sea su forma de iniciación.

El **plazo máximo** en el que debe notificarse la resolución expresa será el determinado por la normativa de cada procedimiento y **no podrá exceder de seis meses salvo que una ley establezca uno mayor.**

Cuando, pese a esta obligación, la Administración no resuelve expresa ni tácitamente, dentro del plazo establecido, una petición, reclamación o recurso interpuesto por un particular, estaríamos ante los denominados **actos presuntos** o **silencio administrativo.**

Silencio en procedimientos iniciados a solicitud del interesado

Hay dos tipos de silencio: **positivo** (supone que la Administración resuelve a favor del solicitante) y **negativo** (se presume que la Administración, deniega las solicitudes del interesado).

Tipos de silencio	Supuestos	Efectos
Positivo	- **Regla general,** la falta de resolución dentro del plazo supone que los interesados podrán entender estimadas sus solicitudes, salvo que una norma con rango de ley establezca lo contrario. - En los recursos de alzada contra la desestimación por silencio administrativo de una solicitud, si no se dictase resolución expresa sobre este, se entenderá estimado el recurso.	Tiene a todos los efectos la consideración de acto administrativo finalizador del procedimiento.
Negativo	- Procedimientos de ejercicio del derecho de petición. - Procedimientos cuya estimación tuviera como consecuencia que se transfirieran al solicitante o a terceros facultades relativas al dominio público o al servicio público. - Procedimientos de impugnación de actos y disposiciones.	Tiene los únicos efectos de permitir a los interesados la interposición del recurso administrativo o contencioso-administrativo procedente.

El silencio administrativo no excluye una **resolución expresa posterior** a su producción. En los casos de **estimación por silencio administrativo,** la resolución expresa posterior a la producción del acto solo podrá dictarse de ser **confirmatoria** del mismo. En los casos de **desestimación por silencio administrativo,** la resolución expresa posterior al vencimiento del plazo se adoptará por la Administración **sin vinculación alguna** al sentido del silencio.

Los actos administrativos producidos por silencio administrativo se podrán hacer valer tanto ante la Administración como ante cualquier persona física o jurídica, pública o privada.

Los actos presuntos producen efectos desde el vencimiento del plazo máximo en el que debe dictarse y notificarse la resolución expresa sin que esta se haya producido, y su existencia puede ser acreditada por cualquier medio de prueba admitido en Derecho, incluido el **certificado acreditativo del silencio** producido que pudiera solicitarse del órgano competente para resolver. Solicitado el certificado, este deberá emitirse en el plazo máximo de quince días.

Silencio en procedimientos iniciados de oficio

En los procedimientos iniciados de oficio, el vencimiento del plazo máximo establecido sin que se haya dictado y notificado resolución expresa no exime a la Administración del cumplimiento de la obligación legal de resolver, y produce los siguientes efectos:

Procedimientos	Efectos
Procedimientos para reconocer o constituir derechos u otras situaciones jurídicas individualizadas	Los interesados que hubieren comparecido podrán entender **desestimadas** sus **pretensiones** por silencio administrativo.
Procedimientos para el ejercicio de potestades sancionadoras o susceptibles de producir efectos desfavorables o de gravamen	Se producirá la **caducidad**, con los efectos previstos para esta. En estos casos, la resolución que declare la caducidad ordenará el archivo de las actuaciones.

En los supuestos en los que el procedimiento se hubiera paralizado por causa imputable al interesado, se interrumpirá el cómputo del plazo para resolver y notificar la resolución.

Casos prácticos 4

Silencio administrativo en un procedimiento sancionador

La policía municipal notifica a una cafetería la apertura de un procedimiento sancionador a causa de la comisión por este de una infracción de la normativa sobre ruido. El gerente del establecimiento presenta alegaciones en el procedimiento sancionador, pues entiende que no se ha producido ninguna infracción por su parte. El plazo máximo finaliza sin que la Administración haya dictado y notificado resolución expresa.

¿Debe procederse al pago de la sanción?

Solución

En este caso, al tratarse de una sanción estamos ante un acto de gravamen para el comercio, que la administración dicta en el ejercicio de su potestad sancionadora.

La ley dice que en los procedimientos en que la Administración ejercite potestades sancionadoras o general de intervención, susceptibles de producir efectos desfavorables o de gravamen, el vencimiento del plazo máximo, sin dictar y notificar la resolución administrativa, producirá la caducidad del procedimiento, con los efectos previstos para esta.

La resolución que declare la caducidad ordenará el archivo de las actuaciones.

Actividades

12·· Indica qué carácter tendrá el silencio administrativo en los siguientes procedimientos administrativos:

a) Solicitud de cesión de un polideportivo municipal para actividades privadas.
b) Interposición de un recurso de alzada contra la desestimación por silencio de una solicitud.
c) Imposición de una sanción administrativa.
d) Resolución de un recurso de alzada.

Rectificación de errores

Las Administraciones Públicas pueden rectificar en cualquier momento, de oficio o a instancia de los interesados, los errores materiales, de hecho o aritméticos existentes en sus actos.

3 >> Revisión de actos administrativos

La revisión de los actos administrativos puede llevarse a cabo por la propia Administración, ya sea de oficio o a instancia de los particulares, mediante el ejercicio de los recursos administrativos.

3.1 > Revisión de oficio de actos nulos y anulables

Las Administraciones Públicas pueden revisar de oficio sus actos nulos y anulables. Existen tres posibilidades: la revocación, la anulación y la declaración de lesividad.

Revisión de oficio	
Revocación	Las Administraciones Públicas pueden **revocar en cualquier momento** sus **actos de gravamen o desfavorables,** siempre que tal revocación no constituya dispensa o exención no permitida por las leyes o sea contraria al principio de igualdad, al interés público o al ordenamiento jurídico.
Anulación	Las Administraciones Públicas, por iniciativa propia o a solicitud de interesado, pueden **declarar de oficio la nulidad de los actos administrativos** que hayan puesto fin a la vía administrativa o que no hayan sido recurridos en plazo, en el supuesto de actos nulos. Al declarar la nulidad de una disposición o acto, pueden establecer las indemnizaciones que procedan a los interesados, si se dan las circunstancias previstas en la ley.
Declaración de lesividad	Las Administraciones Públicas pueden **declarar lesivos para el interés público** los **actos favorables** para los interesados que sean anulables conforme a lo dispuesto en la ley, con el fin de proceder a **su posterior impugnación** ante la jurisdicción contencioso-administrativa. La declaración de lesividad no podrá adoptarse una vez transcurridos cuatro años desde que se dictó el acto administrativo y exigirá la previa audiencia de cuantos aparezcan como interesados en este.

Casos prácticos **5**

Revocación y anulación

En el casco antiguo de un municipio estaba terminantemente prohibido aparcar, por lo que los vecinos de la zona debían estacionar en zonas muy alejadas de sus viviendas. Por esta causa, el Ayuntamiento ha decidido conceder un permiso especial a dichos vecinos, para que puedan estacionar en esa zona. ¿Se puede considerar este acto como una anulación o como una revocación?

Solución

Se trataría de una revocación, ya que, en este caso, la prohibición de aparcar en dicha zona se considera como un acto desfavorable para los vecinos y, en principio, tal revocación no está prohibida por las leyes ni es contraria al interés público y además el acto revocado tampoco es un acto anulable.

Actividades

13·· El Ayuntamiento emite la liquidación del IBI (Impuesto de Bienes Inmuebles) en la que por error aparece mal calculado el importe, aunque sí están correctos los datos para realizar correctamente el cálculo. ¿Puede corregir dicho error?

3.2 > Recursos administrativos

Con el fin de garantizar y proteger los derechos de los administrados, la ley establece la posibilidad de solicitar que los actos administrativos sean revisados, bien por el mismo órgano que los ha emitido o bien por otro órgano diferente de la Administración.

Un **recurso administrativo** es una actuación de los administrados que tiene por objeto modificar o anular un acto administrativo que les es desfavorable, así como, en su caso, obtener el resarcimiento oportuno por los perjuicios ocasionados.

La ley regula dos recursos ordinarios (el recurso de alzada, el recurso potestativo de reposición) y un recurso extraordinario, que solo se puede interponer en circunstancias excepcionales (el recurso de revisión).

Reglas comunes a todos los recursos

Pese a las diferencias entre ellos, los distintos recursos administrativos se rigen por unas reglas comunes:

Reglas comunes a todos los recursos administrativos	
Actos recurribles	- Actos resolutivos. - Actos de trámite que decidan directa o indirectamente el fondo del asunto, determinen la imposibilidad de continuar el procedimiento, produzcan indefensión o, en general, ocasionen un perjuicio irreparable a derechos e intereses legítimos.
Actos no recurribles	Las disposiciones administrativas de carácter general.
Motivos	Podrán fundarse en cualquiera de los motivos de nulidad o anulabilidad previstos en la Ley 30/1992.
Interposición	La interposición de un recurso es la presentación de un escrito en el que se solicita la revisión del acto administrativo. La interposición del recurso deberá expresar la identificación del recurrente; el acto que se recurre y la razón de su impugnación; el órgano, centro o unidad administrativa al que se dirige, y el lugar, fecha, firma del recurrente e identificación del medio y lugar que se señale a efectos de notificaciones. El error en la calificación del recurso por parte del recurrente no será obstáculo para su tramitación, siempre que se deduzca su verdadero carácter.
Suspensión	Salvo que las normas específicas de un procedimiento digan lo contrario, la interposición de un recurso no suspenderá la ejecución del acto impugnado. No obstante, el órgano que deba tramitar el recurso podrá suspender su ejecución, cuando esta pudiera causar perjuicios de imposible o difícil reparación o cuando la impugnación se fundamente en alguna de las causas de nulidad de pleno derecho previstas en la Ley 30/1992.
Audiencia de los interesados	Cuando hayan de tenerse en cuenta nuevos **hechos o documentos no recogidos en el expediente originario,** se pondrán de manifiesto a los interesados para que, en **un plazo no inferior a diez días ni superior a quince,** formulen las alegaciones y presenten los documentos y justificantes que estimen procedentes.
Resolución	La resolución del recurso puede ser de varios tipos: inadmisión del recurso, estimación total o parcial de las pretensiones del recurrente o desestimación de estas. El órgano que resuelva el recurso decidirá cuantas cuestiones, tanto de forma como de fondo, plantee el procedimiento, hayan sido o no alegadas por los interesados.

Clases de recursos

Existen tres tipos de recursos: el recurso de alzada, el recurso potestativo de reposición y el recurso extraordinario de revisión.

Las leyes podrán sustituir los recursos de alzada y reposición en supuestos o ámbitos sectoriales determinados por otros procedimientos de impugnación, reclamación, conciliación, mediación y arbitraje, ante órganos colegiados o comisiones específicas.

Recursos	Actos recurribles	Órgano competente	Plazos
Recurso de alzada	Resoluciones que no ponen fin a la vía administrativa y actos de trámite susceptibles de recurso.	Superior jerárquico del órgano que dictó la resolución recurrida.	**Interposición:** un mes si el acto recurrido fuera expreso y tres meses si no lo fuera. **Resolución:** tres meses.
Recurso potestativo de reposición	Actos que ponen fin a la vía administrativa. Es potestativo, ya que no es obligatorio interponerlo y se puede acudir directamente a la vía judicial.	Mismo órgano que dictó la resolución recurrida.	**Interposición:** un mes si el acto recurrido fuera expreso y tres meses si no lo fuera. **Resolución:** un mes.
Recurso extraordinario de revisión	Actos firmes en los que concurre alguna de las circunstancias siguientes: 1. Que al dictarlos se hubiera incurrido en error de hecho, que resulte de los propios documentos incorporados al expediente. 2. Que aparezcan documentos de valor esencial para la resolución del asunto que, aunque sean posteriores, evidencien el error de la resolución recurrida. 3. Que en la resolución hayan influido esencialmente documentos o testimonios declarados falsos por sentencia judicial firme, anterior o posterior a aquella resolución. 4. Que la resolución se hubiese dictado como consecuencia de prevaricación, cohecho, violencia, maquinación fraudulenta u otra conducta punible y declarados en de sentencia judicial firme.	Mismo órgano que dictó la resolución recurrida.	**Interposición:** - **Causa 1:** cuatro años desde la notificación de la resolución impugnada. - **Resto de causas:** tres meses desde el conocimiento de los documentos o desde que la sentencia judicial quedó firme. - **Resolución:** pasados tres meses desde la interposición del recurso sin haberse dictado y notificado la resolución, se entenderá desestimado, quedando libre la vía jurisdiccional contencioso-administrativa.

Actividades

14·· Indica qué carácter tendrá el silencio administrativo en los siguientes procedimientos administrativos:

a) Solicitud de cesión de un polideportivo municipal para actividades privadas.
b) Interposición de un recurso de alzada contra la desestimación por silencio de una solicitud.
c) Imposición de una sanción administrativa.
d) Resolución de un recurso de alzada.

4 >> La jurisdicción contencioso-administrativa

Cuando terminan las posibilidades de recurrir ante la Administración, existe la opción de recurrir en vía judicial a través del recurso contencioso-administrativo.

Los **procedimientos contencioso-administrativos** son aquellos en que se ejerciten las pretensiones que se deduzcan en relación con la actuación sujeta al Derecho administrativo de las Administraciones Públicas, con las disposiciones generales de rango inferior a la ley y con los decretos legislativos cuando excedan los límites de la delegación.

Órganos de la jurisdicción contencioso-administrativa
Sala de lo Contencioso-administrativo del Tribunal Supremo.
Sala de lo Contencioso-administrativo de la Audiencia Nacional.
Juzgados Centrales de lo Contencioso-administrativo.
Salas de lo Contencioso-administrativo de los Tribunales Superiores de Justicia de las comunidades autónomas.
Juzgados de lo Contencioso-administrativo.

4.1 > El recurso contencioso-administrativo

El recurso contencioso-administrativo es admisible en relación con los actos y disposiciones y por los motivos que se exponen a continuación.

Motivos de interposición del recurso contencioso-administrativo	
Contra disposiciones de carácter general	Cuando el demandante pretende la anulación de los actos y disposiciones generales dictados por la Administración.
Contra actos expresos y presuntos de la Administración Pública que pongan fin a la vía administrativa	Cuando se desee el reconocimiento de una situación jurídica individualizada y la adopción de las medidas adecuadas para su pleno restablecimiento, entre ellas la indemnización de los daños y perjuicios.
Contra la inactividad de la Administración	Cuando la Administración está obligada a realizar una prestación concreta en favor de una o varias personas determinadas, quienes tuvieran derecho a ella pueden reclamar de la Administración el cumplimiento de dicha obligación.

Por el contrario, **no se puede interponer recurso contencioso-administrativo** contra los siguientes actos administrativos:

- Los que sean reproducción de otros anteriores definitivos y firmes.
- Los confirmatorios de actos consentidos por no haber sido recurridos en tiempo y forma.

Con la interposición del recurso, el demandante puede solicitar la declaración de no ser conformes a Derecho los actos y disposiciones susceptibles de impugnación y, en su caso, pedir su anulación.

También puede solicitar el reconocimiento de una situación jurídica individualizada y la adopción de las medidas adecuadas para su pleno restablecimiento, entre ellas, la indemnización de los daños y perjuicios, cuando proceda.

4.2 > El procedimiento contencioso-administrativo

El recurso contencioso-administrativo da lugar a un procedimiento judicial. Para desarrollar este, la ley establece un **procedimiento ordinario** (denominado **procedimiento en primera o única instancia**) y varios **procedimientos especiales** (entre los que destaca el **procedimiento abreviado**).

Fases del procedimiento contencioso-administrativo ordinario	
Interposición del recurso	El procedimiento se inicia por un escrito que se limita a citar la disposición, acto o inactividad que se impugna y a solicitar que se tenga por interpuesto el recurso, al que se acompañará la documentación que acredite dichas circunstancias. El plazo de interposición es de dos meses, desde la notificación del acto, salvo en el caso de actos administrativos por silencio (actos presuntos), que es de seis meses desde que se debió emitir el acto expreso.
Reclamación del expediente	Seguidamente, el órgano jurisdiccional requerirá a la Administración para que le remita el expediente administrativo y emplace a todos los que aparecen como interesados en él.
Emplazamiento de los interesados	Tras recibir el expediente, el órgano judicial comprobará que se ha emplazado a todos los interesados. Cuando no sea posible emplazar a algún interesado en el domicilio que conste, el juez o Tribunal mandará publicar un edicto en el correspondiente diario oficial.
Admisión del recurso	A la vista del expediente y de los emplazamientos, el órgano judicial declarará la admisión o no del recurso.
Demanda y contestación	Si se admite el recurso, se enviará el expediente al recurrente para que formalice la demanda. Una vez presentada, la demanda se trasladará, con entrega del expediente administrativo, a las partes demandadas, para que la contesten.
Prueba	Si existe disconformidad en los hechos y estos fueran de trascendencia, a juicio del órgano jurisdiccional, para la resolución del pleito, se podrá pedir que se practiquen pruebas.
Vista y conclusiones	El órgano judicial podrá decidir, de oficio o a solicitud de las partes, celebrar una vista o que se presenten conclusiones por escrito. En el acto de la vista o en el escrito de conclusiones no podrán plantearse cuestiones que no hayan sido suscitadas en los escritos de demanda y contestación.
Sentencia	Se dictará en el plazo de diez días desde la conclusión del pleito y decidirá todas las cuestiones controvertidas. La sentencia puede ser de varios tipos: inadmisión del recurso, estimación total o parcial de las pretensiones del recurrente o desestimación de estas.
Otras formas de terminación del procedimiento	Además de por sentencia, el procedimiento puede terminar también por: - **Desistimiento del recurrente,** en cualquier momento anterior a la sentencia. - **Allanamiento de los demandados:** cuando la Administración acepta las pretensiones del demandante antes de que se dicte sentencia. - **Acuerdo entre las partes:** terminará el procedimiento, siempre que el acuerdo no sea contrario al ordenamiento jurídico ni lesione el interés público o de terceros.

Actividades

15·· Señala las semejanzas y similitudes entre el procedimiento administrativo, los recursos administrativos y el recurso contencioso-administrativo.

Actividades finales

1·· Indica si los siguientes actos procedentes de la Administración se considerarían un acto administrativo:

a) Aprobación del reglamento del IVA.
b) Sanción de tráfico.
c) Concesión de una subvención.
d) Firma de un tratado internacional.

2·· Indica si los siguientes actos son favorables, de gravamen, singulares o generales. Recuerda que un mismo acto puede ser clasificado por más de un criterio:

a) Apertura de un expediente disciplinario a un alumno de un centro educativo.
b) Publicación de las notas de un procedimiento selectivo a los participantes en él.
c) Concesión de la licencia de apertura de un establecimiento comercial.
d) Prohibición de aparcar en una calle por la celebración de un acto oficial.

3·· Has recibido una carta firmada por el director general de Tráfico del Ayuntamiento en la que te informan de que has sido sancionado por la comisión de una infracción. Identifica los elementos de este acto administrativo.

4·· La ley dispone que las notificaciones se practicarán por cualquier medio que permita tener constancia de la recepción por el interesado o su representante, incluyendo los medios telemáticos, así como de la fecha, la identidad y el contenido del acto notificado, pero ¿es posible actualmente recibir notificaciones electrónicas? Busca en Internet información relativa a estas.

5·· Indica si los siguientes actos serían nulos o anulables:

a) Acto que tenga un contenido imposible.
b) Acto dictado prescindiendo total y absolutamente del procedimiento establecido.
c) Acto que presente algún error de forma.
d) Acto que lesione los derechos y libertades constitucionales.

6·· Un concejal ha dictado un acto administrativo sobre una materia cuya competencia no le correspondía legalmente, ya que el órgano competente para dictarla es el alcalde.

a) ¿Puede considerarse ese acto como nulo o anulable? ¿Por qué?
b) ¿Qué ocurriría si realmente fuera competente, pero en el acto hubiera algún defecto de forma?

7·· Una empresa ha presentado una solicitud para gestionar la piscina municipal y una asociación de vecinos quiere personarse en este procedimiento, porque dicha empresa propone subir los precios de las actividades que se realizan en la piscina. ¿Puede participar esa asociación en el procedimiento como interesada?

8·· Un interesado en un procedimiento administrativo quiere aportar a este documentación adicional y realizar nuevas alegaciones. ¿Hasta qué momento puede hacerlo?

9·· Un vecino solicita la concesión de un vado permanente para que se permita el tránsito de vehículos hasta su garaje, invadiendo la acera y sin que nadie estacione en su acceso. Además de la solicitud, debe presentar una copia de los títulos de propiedad del edificio. Desde que realizó la solicitud han transcurrido más de tres meses y aún no ha presentado los títulos. ¿Podría finalizar el procedimiento?

10·· Leyre ha presentado un recurso de alzada contra la denegación de una beca de estudios. La resolución del recurso sigue siendo negativa y además pone fin a la vía administrativa. No está conforme con la resolución y desea seguir recurriendo. ¿Qué tipo de recurso puede interponer?

11·· Marcos solicitó una vivienda de protección oficial que ofrecía su comunidad autónoma. A pesar de reunir todos los requisitos, no se la concedieron. Recurrió en vía administrativa, pero le volvieron a denegar su solicitud. Decide recurrir por la vía judicial. ¿Qué debe hacer?

Casos finales

Interposición de un recurso de alzada

Javier quiere presentar un recurso de alzada contra la denegación de una subvención para instalar unas placas solares en su vivienda. Nunca ha presentado un recurso y solicita a su amiga Carmen, que acaba de terminar el ciclo de Gestión Administrativa, que le facilite algún modelo. Esta le explica que únicamente es necesario que se formalice por escrito y presente el contenido mínimo que exige la ley:

- El nombre y apellidos del recurrente y la identificación del tipo de recurso.
- El acto que se recurre y la razón de su impugnación.
- Lugar, fecha, firma del recurrente, identificación del medio y, en su caso, del lugar que se señale a efectos de notificaciones y órgano al que se dirige.
- Las demás particularidades exigidas, en su caso, por las disposiciones específicas.

Redacta el correspondiente recurso de alzada, siguiendo el modelo propuesto. Puedes utilizar tus datos personales para rellenar los que faltan. El recurso debe interponerse ante el consejero de Industria de tu comunidad autónoma, y los datos de la resolución impugnada son los siguientes: n.° 0124, expediente 786.

D./D.ª ____________________ mayor de edad, con DNI número ____________ vecino de ____________, con domicilio a efectos de notificaciones en ____________, de conformidad con lo dispuesto en el artículo 114 de la Ley 30/92, de 26 de noviembre, de Régimen Jurídico de las Administraciones Públicas y del Procedimiento Administrativo Común *(artículo relativo al recurso de alzada),*

EXPONGO

Que con fecha __________ fue notificada la resolución número __________, en expediente número __________, dictada por *(señalar la autoridad u órgano que dictó la resolución que se recurre)*, con fecha de ____________, relativa a *(indicar el asunto).*

Que, por el presente escrito, **INTERPONGO RECURSO DE ALZADA** contra la citada resolución por *(indicar los motivos)*, con base en los siguientes HECHOS y FUNDAMENTOS DE DERECHO:

HECHOS

(Exponer todos los hechos, de forma ordenada y clara)

____

FUNDAMENTOS DE DERECHO

(Indicar las causas de nulidad y anulabilidad en que ha incurrido la resolución, citando los artículos y normas legales en que se basa el recurso, ordenados numéricamente, utilizando expresiones como "Según el artículo....": "A tenor de la jurisprudencia...").

Primero: ______________________________

Segundo: ______________________________

Por todo ello,

SOLICITO

Que se tenga por presentado este escrito y se dicte resolución por la que *(especificar claramente la petición).*

____

(Lugar y fecha) __________, ___ de __________ 20XX

(Firma del recurrente)

AL *(Órgano que deba conocer y resolver el recurso)*

Autoevaluación

1. La potestad que permite a los poderes públicos dictar disposiciones de carácter administrativo se denomina:

a) Potestad reglamentaria.
b) Potestad administrativa.
c) Potestad legislativa.
d) Potestad directiva.

2. Un acto administrativo que fuera contrario a lo establecido en la Constitución sería considerado como:

a) Anulable.
b) No puede darse ese caso.
c) Nulo de pleno derecho.
d) Se podría subsanar.

3. Cuando en un procedimiento administrativo los plazos se señalen por días, estos serán:

a) Naturales.
b) Hábiles.
c) Depende de los casos.
d) De fecha a fecha.

4. Para ser considerado como interesado en un procedimiento administrativo, se requiere:

a) Poseer capacidad de obrar ante la Administración.
b) Tener interés en el procedimiento.
c) Pertenecer a una organización representativa de intereses colectivos.
d) La a y la b son correctas.

5. En el caso del ejercicio del derecho de petición, el silencio administrativo se considera:

a) Negativo.
b) Positivo.
c) Es un caso que no puede resolverse por silencio administrativo.
d) Positivo, excepto que el procedimiento se hubiera iniciado de oficio.

6. Cuando el procedimiento administrativo se paraliza por culpa del interesado, pudiendo llegar a finalizar, hablamos de:

a) Desistimiento.
b) Renuncia.
c) Caducidad.
d) Terminación convencional.

7. El recurso administrativo que se puede interponer contra las resoluciones y los actos de trámite que no ponen fin a la vía administrativa se denomina:

a) Recurso potestativo de reposición.
b) Recurso de alzada.
c) Recurso extraordinario de revisión.
d) Recurso contencioso-administrativo.

8. Se considera que tienen interés en el procedimiento administrativo:

a) Quienes lo promuevan como titulares de intereses legítimos.
b) Los que tengan derechos que puedan resultar afectados.
c) Las asociaciones representativas de intereses colectivos.
d) Todas son correctas.

9. El recurso contencioso-administrativo puede interponerse:

a) Contra actos expresos y presuntos de la Administración Pública que pongan fin a la vía administrativa.
b) Contra la inactividad de la Administración.
c) Contra disposiciones de carácter general.
d) Todas son correctas.

10. La terminación del procedimiento contencioso-administrativo consistente en que la Administración acepta las pretensiones del demandante antes de que se dicte sentencia se denomina:

a) Desistimiento.
b) Resolución.
c) Allanamiento.
d) Inadmisibilidad.

Unidad 9

Los contratos administrativos

Preguntas iniciales

1·· Cuando hablamos de contratación administrativa, ¿a qué nos referimos?

2·· ¿Sabes qué requisitos hay que cumplir para poder contratar con la Administración Pública?

3·· ¿Cómo crees que se adjudican los contratos públicos?

4·· ¿Conoces algún tipo de contrato administrativo?

En esta unidad aprenderás a...

- Conocer el objeto y ámbito de aplicación de la contratación pública.
- Diferenciar los tipos de contratos públicos.
- Reconocer las partes del contrato público y sus obligaciones.
- Identificar el procedimiento de selección del contratista y adjudicación de los contratos.

- **LOS CONTRATOS ADMINISTRATIVOS**
  - **Los contratos del sector público**
    - Concepto y regulación legal
    - Régimen jurídico
    - Tipos de contratos
  - **Elementos de los contratos públicos**
    - Elementos personales
    - Elementos reales
    - Elementos formales
  - **Procedimiento de contratación**
    - Preparación del contrato
    - Selección del contratista y adjudicación del contrato
    - Formalización del contrato
    - Modificación del contrato
    - Ejecución del contrato
    - Extinción del contrato

Para el proyecto final

- Distinguirás los tipos de contratos administrativos.
- Conocerás los distintos procedimientos de adjudicación de contratos administrativos.
- Identificarás las distintas fases que integran el procedimiento de contratación con la Administración.

1 >> Los contratos del sector público

La Administración necesita contratar con empresas o particulares la realización de obras o la prestación de servicios que por sí misma no puede realizar.

1.1 > Concepto y regulación legal

Las características que presentan dichos contratos vienen reguladas en el **Real Decreto Legislativo 3/2011, de 14 de noviembre**, por el que se aprueba el **Texto Refundido de la Ley de Contratos del Sector Público.** Dicha ley define estos contratos del siguiente modo:

Son **contratos del sector público** los contratos onerosos, cualquiera que sea su naturaleza jurídica, que celebren los entes, organismos y entidades de la Administración General del Estado, las Administraciones de las comunidades autónomas y las entidades locales, así como los contratos subvencionados por dichos entes.

La contratación pública debe ajustarse a los siguientes principios:

- Libertad de acceso a las licitaciones.
- Publicidad y transparencia de los procedimientos.
- No discriminación e igualdad de trato entre los candidatos.
- Eficiente utilización de los fondos destinados a la realización de obras, la adquisición de bienes y la contratación de servicios.
- Salvaguarda de la libre competencia.
- Selección de la oferta económicamente más ventajosa.

1.2 > Régimen jurídico

La Ley de Contratos del Sector Público establece, por un lado, que no todos los contratos que llevan a cabo las Administraciones Públicas tendrán el carácter de contratos del sector público y, por otro, que no todos los contratos del sector público tendrán el carácter de contratos administrativos.

Contratos celebrados por las Administraciones Públicas	
No se consideran contratos del sector público	No tendrán carácter de contratos del sector público, entre otros, la relación de servicio de los funcionarios públicos y los contratos regulados en la legislación laboral, las relaciones jurídicas consistentes en la prestación de un servicio público cuya utilización por los usuarios requiera el abono de una tarifa, tasa o precio público de aplicación general, los contratos relativos a servicios de arbitraje y conciliación, etc.
Se consideran contratos del sector público	**Contratos administrativos:** los contratos de obra, concesión de obra pública, gestión de servicios públicos, suministro, y servicios, así como los contratos de colaboración entre el sector público y el sector privado. Además, los contratos de objeto distinto a los anteriores, pero que tengan naturaleza administrativa especial por estar vinculados al giro o tráfico específico de la Administración contratante o por satisfacer de forma directa o inmediata una finalidad pública.
	Contratos privados: son los celebrados por los entes, organismos y entidades del sector público que no reúnan la condición de Administraciones Públicas. También lo son algunos contratos de servicios los de creación e interpretación artística y literaria o y la suscripción a revistas, publicaciones periódicas y bases de datos, así como los contratos que no tengan el carácter de administrativos.

1.3 > Tipos de contratos

Podemos resumir los contratos del sector público en la siguiente tabla:

Tipos de contratos	Características
Contrato de obras	Es aquel que tiene por objeto la realización por cualquier medio de una obra o la ejecución de algún trabajo que responda a las necesidades especificadas por la entidad del sector público contratante. Además, el contrato puede comprender la redacción del correspondiente proyecto. Por obra se entiende el resultado de un conjunto de trabajos de construcción o de ingeniería civil, destinados a cumplir una función económica o técnica, que tenga por objeto un bien inmueble. **Por ejemplo, la construcción de un Instituto.**
Contrato de concesión de obras públicas	Es un contrato que tiene por objeto la realización por el concesionario de la restauración y reparación de construcciones existentes, así como la conservación y mantenimiento de los elementos construidos, y en el que la contraprestación a favor de aquel consiste, o bien únicamente en el derecho a explotar la obra, o bien en dicho derecho acompañado del de percibir un precio. **Por ejemplo, la construcción de una autopista de peaje cuya explotación posterior corresponde a la empresa constructora.**
Contrato de gestión de servicios públicos	Es aquel en cuya virtud una Administración Pública encomienda a una persona, natural o jurídica, la gestión de un servicio cuya prestación ha sido asumida como propia de su competencia por la Administración. **Por ejemplo, el servicio de limpieza urbana cuya prestación se contrata con una empresa privada.**
Contrato de suministro	Es el que tiene por objeto la adquisición, el arrendamiento financiero o el arrendamiento, con o sin opción de compra, de productos o bienes muebles. **Por ejemplo, la adquisición de equipos y sistemas de telecomunicaciones o para el tratamiento de la información.**
Contrato de servicios	Es aquel cuyo objeto son prestaciones de hacer consistentes en el desarrollo de una actividad o dirigidas a la obtención de un resultado distinto de una obra o un suministro. **Por ejemplo, una campaña publicitaria para la Administración.**
Contrato de colaboración entre el sector público y el privado	Es el contrato por el que una Administración Pública encarga a una entidad de Derecho Privado, por un periodo determinado, la realización de una actuación global e integrada que, además de la financiación de inversiones inmateriales, incluya las obras o suministros necesarios para el cumplimiento de determinados objetivos de servicio público o relacionados con actuaciones de interés general. **Por ejemplo, la gestión integral del mantenimiento de instalaciones complejas.**
Contratos mixtos	Son los que tienen prestaciones correspondientes a otro u otros de distinta clase. Para determinar las normas que deban observarse en su adjudicación, se atenderá a la prestación que tenga más importancia desde el punto de vista económico.
Contratos menores	En caso de contratos de obras, son los de importe inferior a 50.000 €, y en el resto de contratos, los de menos de 18.000 €.

Actividades

1·· ¿Qué tipo de contrato administrativo tendría que celebrar una Administración si desea adquirir vehículos acondicionados para que sean utilizados por los bomberos?

2·· ¿De qué tipo sería un contrato en el que se incluye la realización de una obra y, además, la prestación de un servicio? ¿Por qué?

2 >> Elementos de los contratos públicos

En los contratos administrativos han de concurrir unos elementos personales (las partes que lo conciertan), otros reales (el objeto del contrato) y otros formales (la forma en la que se celebran).

2.1 > Elementos personales

En estos contratos, como en todos, hay dos partes: una de ellas será **la Administración**, representada por el órgano de contratación, y la otra será **el contratista privado**.

Los órganos de contratación de las Administraciones Públicas estarán asistidos por una **Mesa de Contratación**, que es el órgano competente para la **valoración de las ofertas**.

Órgano de contratación	
Competencia para contratar	La representación de los entes, organismos y entidades del sector público en materia contractual corresponde a los órganos de contratación, unipersonales o colegiados que, en virtud de norma legal o reglamentaria o disposición estatutaria, tengan atribuida la facultad de celebrar contratos en su nombre. Los órganos de contratación podrán delegar sus competencias en esta materia.
Responsables del contrato	Los órganos de contratación podrán designar un **responsable del contrato** al que corresponderá supervisar su ejecución y adoptar las decisiones y dictar las instrucciones necesarias con el fin de asegurar la correcta realización de la prestación pactada. El responsable del contrato puede ser una persona física o jurídica, vinculada al ente, organismo o entidad contratante o ajena a él.
Perfil del contratante	Con el fin de asegurar la transparencia y el acceso público a la información relativa a su actividad contractual, y sin perjuicio de la utilización de otros medios de publicidad, los órganos de contratación difundirán, a través de Internet, su perfil de contratante. La forma de acceso al perfil de contratante debe especificarse en las páginas web institucionales que mantengan los entes del sector público, en la Plataforma de Contratación del Estado y en los pliegos y anuncios de licitación. El perfil de contratante puede incluir cualesquiera datos e informaciones referentes a la actividad contractual del órgano de contratación, tales como los anuncios de información previa, las licitaciones abiertas o en curso y la documentación relativa a estas, las contrataciones programadas, los contratos adjudicados, los procedimientos anulados y cualquier otra información útil de tipo general, como puntos de contacto y medios de comunicación que pueden utilizarse para relacionarse con el órgano de contratación. En todo caso, debe publicarse en el perfil de contratante la adjudicación de los contratos.

Actividades

3·· ¿Cualquier órgano unipersonal o colegiado perteneciente a una Administración Pública puede representar a la Administración a la hora de celebrar un contrato administrativo? ¿Por qué?

4·· Busca en Internet el perfil de contratante del ayuntamiento de la localidad en la que resides y comenta qué información aparece en él.

Contratista	
Aptitud para contratar	Solo podrán contratar con el sector público las personas naturales o jurídicas, españolas o extranjeras, que tengan **plena capacidad de obrar, no estén incursas en una prohibición de contratar** y **acrediten su solvencia económica, financiera y técnica o profesional** o, en los casos en que así lo exija la ley, se encuentren debidamente **clasificadas.** Los empresarios deben contar, asimismo, con la **habilitación empresarial o profesional** que, en su caso, sea exigible para la realización de la actividad o prestación que constituya el objeto del contrato. Las personas jurídicas solo podrán ser adjudicatarias de contratos cuyas prestaciones estén comprendidas dentro de los fines, objeto o ámbito de actividad que les sean propios.
Prohibiciones de contratar	No podrán contratar con el sector público las personas en quienes concurra alguna de las circunstancias siguientes: - Haber sido condenadas mediante sentencia firme por delitos económicos, contra la Hacienda Pública y la Seguridad Social, o contra los derechos de los trabajadores, entre otros. - Haber solicitado la declaración de concurso voluntario o haber sido declaradas insolventes en cualquier procedimiento. - Haber sido sancionadas con carácter firme por infracción grave en materia profesional o por infracción muy grave en materia social, incluidas las infracciones en materia de prevención de riesgos laborales. - No hallarse al corriente en el cumplimiento de las obligaciones tributarias o de Seguridad Social. - Estar incursa la persona física o los administradores de la persona jurídica en alguno de los supuestos de conflictos de intereses de los miembros del Gobierno y de los altos cargos de la Administración General del Estado o de incompatibilidades del personal al servicio de las Administraciones públicas o tratarse de un cargo electivo. - Haber dado lugar, de manera culpable, a la resolución firme de cualquier contrato celebrado con una Administración Pública. - Haber infringido una prohibición para contratar con cualquiera de las Administraciones públicas. - Estar afectado por una prohibición de contratar impuesta en virtud de sanción administrativa. - Haber retirado indebidamente su proposición o candidatura en un procedimiento de adjudicación, mediando dolo, culpa o negligencia. - Haber incumplido las condiciones especiales de ejecución del contrato establecidas.
Solvencia	Para celebrar contratos con el sector público, los empresarios deberán acreditar estar en posesión de las condiciones mínimas de **solvencia económica, financiera y profesional o técnica** que se determinen por el órgano de contratación. Este requisito será sustituido por el de la **clasificación**, cuando esta sea exigible para poder contratar con la Administración.
Clasificación de empresas	Para poder celebrar con las Administraciones Públicas contratos de obras por importe igual o superior a 500.000 €, es necesario estar clasificado como contratista de obras por parte de la Administración. Para ello, hay que justificar anualmente el mantenimiento de la solvencia económica y financiera y, cada tres años, el de la solvencia técnica y profesional.

2.2 > Elementos reales

Los elementos reales de los contratos administrativos son el **objeto** o **prestación** a que se obliga el contratista y el **precio** que debe pagar la Administración por esta prestación.

Elementos reales de los contratos administrativos	
Objeto o prestación	El objeto de los contratos del sector público deberá ser determinado, no puede fraccionarse un contrato con la finalidad de disminuir su cuantía y eludir así los requisitos de publicidad o los relativos al procedimiento de adjudicación que correspondan. Cuando el objeto del contrato admita fraccionamiento y así se justifique debidamente en el expediente, podrá preverse la realización independiente de cada una de sus partes mediante su división en lotes, siempre que estos sean susceptibles de utilización o aprovechamiento separado y constituyan una unidad funcional.
Precio	La retribución del contratista consistirá en un precio cierto que deberá expresarse en euros, sin perjuicio de que su pago pueda hacerse mediante la entrega de otras contraprestaciones en los casos previstos legalmente. Los órganos de contratación cuidarán de que el precio sea adecuado para el efectivo cumplimiento del contrato mediante la correcta estimación de su importe, atendiendo al precio general de mercado, en el momento de fijar el presupuesto de licitación. El valor estimado de los contratos vendrá determinado por el importe total, sin incluir el Impuesto sobre el Valor Añadido.

2.3 > Elementos formales

Formalización de los contratos menores

En los contratos menores, para formalizar el contrato, solo se exige la aprobación del gasto y la incorporación al mismo de la factura correspondiente.

Los contratos que celebren las Administraciones Públicas deberán formalizarse en documento administrativo que se ajuste con exactitud a las condiciones de la licitación, constituyendo dicho documento título suficiente para acceder a cualquier registro público.

No obstante, el contratista podrá solicitar que el contrato se eleve a escritura pública, corriendo de su cargo los correspondientes gastos. En ningún caso se podrán incluir en la escritura en que se formalice el contrato cláusulas que impliquen alteración de los términos de la adjudicación.

No podrá iniciarse la ejecución del contrato sin su previa formalización, excepto cuando la Administración tenga que actuar de manera inmediata a causa de acontecimientos catastróficos, de situaciones que supongan grave peligro o de necesidades que afecten a la defensa nacional.

Actividades

5·· Un empresario desea participar en un procedimiento de adjudicación de un contrato administrativo de obras por un importe de 1.000.000 €, ¿qué requisitos debe cumplir para poder participar en dicho procedimiento?

6·· Indica si la siguiente afirmación es verdadera o falsa: "Las empresas que estén clasificadas como contratistas por la Administración no deben acreditar su solvencia económica, financiera, técnica y profesional".

3 >> Procedimiento de contratación

El procedimiento de contratación está integrado por una serie de fases que incluyen los trámites que deben ser cumplidos tanto por el órgano de contratación como por los licitadores.

3.1 > Preparación del contrato

La celebración de contratos por parte de las Administraciones Públicas requerirá la previa tramitación del correspondiente **expediente**, que se iniciará por el órgano de contratación motivando la necesidad del contrato. Al expediente se incorporarán el **pliego de cláusulas administrativas particulares** y el de **prescripciones técnicas** que hayan de regir el contrato.

En los pliegos de cláusulas administrativas particulares se incluirán los pactos, condiciones, derechos y obligaciones de las partes del contrato y estos se ajustarán a su contenido.

3.2 > Selección del contratista y adjudicación del contrato

La selección del contratista y la adjudicación del contrato se lleva a cabo a través de un procedimiento destinado a elegir a la persona o empresa que ejecutará el contrato de entre todos los licitadores y en formalizar el contrato administrativo del que se trate.

Pliegos

Son unos documentos que constituyen una guía para la elaboración de la oferta por el contratista. Hay tres tipos:

- **De cláusulas administrativas generales:** condiciones generales que se aplican a los contratos del mismo tipo (por ejemplo, a todos los de obras).
- **De cláusulas administrativas particulares:** referidos a cada contrato en particular.
- **De prescripciones técnicas:** definen de manera detallada las características técnicas y las mejoras que pueden introducirse a efectos de valoración de la oferta.

Procedimientos de adjudicación de contratos

Según el objeto del contrato, existen distintos tipos de procedimientos:

Procedimientos de adjudicación de contratos	
Procedimiento abierto	Todo empresario interesado podrá presentar una proposición, quedando excluida toda negociación de los términos del contrato con los licitadores.
Procedimiento restringido	Solo podrán presentar proposiciones aquellos empresarios que, a su solicitud y en atención a su solvencia, sean seleccionados por el órgano de contratación. En este procedimiento estará prohibida toda negociación de los términos del contrato con los solicitantes o candidatos.
Procedimiento negociado	La adjudicación recaerá en el licitador justificadamente elegido por el órgano de contratación, tras efectuar consultas con diversos candidatos y negociar las condiciones del contrato con uno o varios de ellos. Se emplea cuando las proposiciones u ofertas económicas en los procedimientos abiertos, restringidos o de diálogo competitivo que se hayan seguido previamente sean irregulares o inaceptables.
Diálogo competitivo	El órgano de contratación dirige un diálogo con los candidatos seleccionados, previa solicitud de estos, a fin de desarrollar una o varias soluciones susceptibles de satisfacer sus necesidades y que servirán de base para que los candidatos elegidos presenten una oferta. Se utilizará en contratos particularmente complejos, cuando el órgano de contratación considere que el uso del procedimiento abierto o del restringido no permite una adecuada adjudicación del contrato.
Los **procedimientos ordinarios** de selección serán el **procedimiento abierto** o el **procedimiento restringido. Extraordinariamente,** podrán seguirse el **procedimiento negociado** y el **diálogo competitivo.** Los **contratos menores** podrán **adjudicarse directamente** a cualquier empresario con capacidad de obrar y que cuente con la habilitación profesional necesaria para realizar la prestación.	

Anuncio de información previa

En determinados contratos, los órganos de contratación pueden publicar un **anuncio de información previa** para dar a conocer las características esenciales de los contratos que proyecten adjudicar en los doce meses posteriores.

Garantía provisional

Los órganos de contratación podrán exigir a los licitadores la constitución de una garantía que responda del mantenimiento de sus ofertas hasta la adjudicación provisional del contrato.

En los pliegos se determinará el importe de la garantía provisional (que no podrá ser superior a un 3% del presupuesto del contrato, excluido el IVA) y el régimen de su devolución.

Publicidad

Los procedimientos de adjudicación de contratos, con excepción de los procedimientos negociados, **deberán ser publicados** en el Boletín Oficial del Estado. No obstante, en determinados casos (por ejemplo, contratos de las comunidades autónomas o entidades locales), esta publicación puede sustituirse por la que se realice en los boletines oficiales autonómicos o provinciales. En algunos casos, en razón de la cuantía del contrato, también deberán publicarse en el Diario Oficial de la Unión Europea.

Presentación de proposiciones

Los órganos de contratación fijarán los plazos de **presentación de las ofertas** y **solicitudes de participación** por parte de los contratistas interesados, que, en todo caso, deberán ajustarse a lo previsto en el pliego de cláusulas administrativas particulares.

Los interesados, una vez estudiado el contenido del anuncio de licitación, han de elaborar la documentación necesaria para presentar su oferta. Esta documentación deberá estar ordenada según indiquen los pliegos y transmitirá el contenido de la oferta que se quiera presentar y los medios para llevarla a cabo, identificando su contenido respecto a los criterios de valoración fijados.

Las **proposiciones serán secretas** y cada licitador no podrá presentar más de una proposición.

Documentos que deberán acompañar a las proposiciones

- Documentos que acrediten la personalidad jurídica del empresario.
- Documentos que acrediten la clasificación de la empresa o justifiquen los requisitos de su solvencia económica, financiera y técnica o profesional.
- **Declaración responsable** de no estar incurso en prohibición de contratar.
- En su caso, una dirección de correo electrónico a efectos de notificaciones.

Ejemplos

1

Modelo de solicitud de participación en una licitación

D/Dª..............., con DNI / NIF núm. ...., en representación de la empresa........,con domicilio en ...., nº de teléfono.............., n.º de fax............, e-mail...................., CIF..................,

MANIFIESTA:

1. Que en el BOP de....... núm........, de fecha.......... y en el Perfil del Contratante de........... se hace pública la convocatoria, aprobada por............... para la adjudicación del contrato de..
2. Que el compareciente estima reunir las condiciones de capacidad y de solvencia que figuran en el Pliego de Cláusulas Administrativas Particulares, para su ejecución.
3. Que acompaña los sobres exigidos en el Pliego de Condiciones, (Sobre «A»: Documentación administrativa; Sobre «B»: Documentación técnica (criterios ponderables en función de un juicio de valor); Sobre «C»: Proposición económica (criterios ponderables de forma automática).
4. Que acepta íntegramente las condiciones y obligaciones exigidas por las normas reguladoras para esta licitación.

Por todo lo expuesto,

SOLICITA:

Ser admitido como candidato en el proceso de licitación convocado.

Lugar, fecha y firma

PERSONA, CARGO U ÓRGANO AL QUE SE DIRIGE LA SOLICITUD

Selección del contratista y adjudicación del contrato

Una vez finalizado el plazo de entrega de ofertas, el órgano competente procederá a la apertura de las propuestas recibidas.

Para la valoración de las proposiciones y la **determinación de la oferta económicamente más ventajosa** debe atenderse a **criterios directamente vinculados al objeto del contrato**, tales como la calidad, el precio, el plazo de ejecución, las características medioambientales y estéticas, el mantenimiento, la asistencia técnica, el servicio posventa u otros semejantes. En todo caso, estos criterios estarán detallados en el anuncio y en los pliegos de cláusulas administrativas particulares. **Cuando solo se utilice un criterio de adjudicación**, este ha de ser, necesariamente, **el del precio más bajo.**

Una vez valoradas las proposiciones, el órgano de contratación clasificará, por orden decreciente, todas aquellas que no hayan sido declaradas desproporcionadas o anormales y requerirá al licitador que haya presentado la **oferta económicamente más ventajos**a para que, dentro del plazo de **10 días hábiles**, presente la documentación justificativa de hallarse al corriente en el cumplimiento de sus obligaciones tributarias y con la Seguridad Social (si no la presentase, pasará al siguiente en la lista y así sucesivamente).

Una vez recibida la documentación, el órgano de contratación **adjudicará** el contrato dentro de los **5 días hábiles** siguientes. La adjudicación deberá ser motivada, y se notificará a los candidatos o licitadores, publicándose, simultáneamente, en el perfil de contratante.

Ofertas con valores desproporcionados o anormales

Cuando el órgano de contratación presuma fundadamente que la proposición no pueda ser cumplida como consecuencia de la inclusión en esta de valores anormales o desproporcionados, no procederá la adjudicación al licitador que presente dicha oferta aunque sea la más ventajosa económicamente.

Garantía definitiva

Los empresarios que presenten las ofertas económicamente más ventajosas deberán constituir a disposición del órgano de contratación una garantía de un 5% del importe de adjudicación, excluido el IVA, pudiendo aplicar el importe de la garantía provisional a la definitiva.

3.3 > Formalización del contrato

Los contratos que celebren las Administraciones Públicas deben formalizarse **en documento administrativo** dentro del plazo **de 10 días hábiles**, a contar desde el siguiente al de la notificación de la adjudicación definitiva.

3.4 > Modificación del contrato

Los contratos del sector público podrán **modificarse siempre que en los pliegos o en el anuncio de licitación se haya advertido expresamente de esta posibilidad** y **se hayan detallado** de forma clara, precisa e inequívoca **las condiciones en que podrá hacerse uso de esta**, así como **el alcance y límites** de las modificaciones que pueden acordarse con expresa indicación del porcentaje del precio del contrato al que como máximo puedan afectar, **y el procedimiento** que deba seguir.

Actividades

7·· Una empresa de servicios que habitualmente trabaja para la Administración en virtud de contratos administrativos desea conocer con antelación los posibles contratos que se vayan a adjudicar durante los próximos meses por un importe superior a 750.000 €. ¿Cómo puede hacerlo?

8·· ¿Cuáles son los principales aspectos para tener en cuenta a la hora de presentar proposiciones para participar en las licitaciones de contratos públicos?

> **Subcontratación**
>
> El contratista podrá concertar con terceros la realización parcial de la prestación, salvo que el contrato o los pliegos dispongan lo contrario o que por su naturaleza y condiciones se deduzca que aquel ha de ser ejecutado directamente por el adjudicatario.

3.5 > Ejecución del contrato

La ejecución del contrato consiste en la realización del objeto de este dentro del plazo fijado y conforme a las condiciones especificadas por la Ley de Contratos y sus disposiciones de desarrollo y por los pliegos de cláusulas administrativas y de prescripciones técnicas, generales y particulares establecidos en cada caso.

Los contratos deberán cumplirse a tenor de sus cláusulas, sin perjuicio de las prerrogativas establecidas por la legislación en favor de las Administraciones Públicas: **el órgano de contratación puede interpretar unilateralmente los contratos administrativos**, resolver las dudas que ofrezca su cumplimiento, modificarlos por razones de interés público, acordar su resolución y determinar los efectos de esta.

Como norma general, la ejecución del contrato se realizará **a riesgo y ventura del contratista** (asumen todas las consecuencias del contrato, las positivas y las negativas).

3.6 > Extinción del contrato

Los contratos se extinguirán por cumplimiento o por resolución.

Causas de extinción de los contratos administrativos	
Cumplimiento	El contrato se entenderá cumplido por el contratista cuando este haya realizado, de acuerdo con los términos del contrato y a satisfacción de la Administración, la totalidad de la prestación. En todo caso, su constatación **exigirá por parte de la Administración un acto formal y positivo de recepción o conformidad.** Además, como regla general, en los contratos se fijará un plazo de garantía a contar de la fecha de recepción o conformidad, transcurrido el cual sin objeciones por parte de la Administración, quedará extinguida la responsabilidad del contratista.
Resolución	Los contratos podrán resolverse a causa de determinadas circunstancias sobrevenidas expresadas en la ley: declaración de insolvencia del contratista, mutuo acuerdo, incumplimiento por el contratista de las condiciones expresadas en el contrato, etc. La resolución producirá unos efectos diferentes según cuál sea la causa que la haya provocado, pero, en todo caso, el acuerdo de resolución contendrá un pronunciamiento expreso acerca de la procedencia o no de la pérdida, devolución o cancelación de la garantía definitiva constituida.

Actividades

9·· La Administración hace pública la adjudicación de la gestión de un aparcamiento público a la empresa APARCABIEN, SA. A partir de este momento, ¿qué pasos debe seguir la empresa hasta formalizar el contrato? ¿Puede subcontratar APARCABIEN, SA la ejecución del contrato con otra empresa?

10·· En un procedimiento abierto para la adjudicación de un contrato administrativo, se han recibido proposiciones que el órgano de contratación considera inaceptables. ¿Qué ocurre en este caso?

11·· Una empresa, adjudicataria de un contrato de obras, finaliza la obra dentro del plazo establecido en el contrato y la entrega a la Administración. ¿De qué tipo de extinción se trata? ¿Finaliza en este momento el procedimiento?

Actividades finales

1·· Indica el tipo de contrato administrativo que habría que celebrar en cada uno de los siguientes casos:

a) Rehabilitación de una antigua instalación municipal para transformarla en polideportivo y su posterior gestión por parte de la empresa adjudicataria.
b) Conservación y mantenimiento de parques, zonas verdes y zonas ajardinadas.
c) Explotación de bar, cafetería o comedor situados en dependencias públicas.
d) Construcción de una línea de metro.

2·· Señala cuáles de los siguientes contenidos deben aparecer necesariamente en los contratos que celebren los entes, organismos y entidades del sector público:

a) Identificación de las partes.
b) Los datos de constitución de la empresa adjudicataria.
c) Las condiciones de pago.
d) El número de trabajadores con que cuenta la empresa.

3·· El director general de Medio Ambiente de una comunidad autónoma ha sido designado como responsable de un contrato administrativo celebrado por dicha Administración. ¿En qué consiste su función?

4·· Indica cuáles de las siguientes son causas que impiden a un empresario poder contratar con la Administración:

a) No hallarse al corriente de las obligaciones tributarias.
b) Carecer de la habilitación profesional exigible para la realización de la actividad que constituya el objeto del contrato.
c) Ser una persona natural.
d) Haber sido declarado insolvente en un procedimiento.

5·· Una empresa dedicada a la venta de mobiliario de oficina desea participar en los procedimientos de adjudicación de contratos administrativos de diferentes Administraciones Públicas. Infórmale acerca de los requisitos que debe reunir para poder hacerlo.

6·· La Consejería de Sanidad ha adjudicado la gestión de un centro de salud a una empresa. ¿Cómo debe gestionar esta los datos relativos a la salud de los pacientes de dicho centro?

7·· Elabora un esquema que recoja las principales actuaciones que se producen durante la licitación y el proceso de selección del adjudicatario.

8·· ¿A qué nos referimos cuando decimos que, como norma general la ejecución del contrato se realiza a riesgo y ventura del contratista? ¿Tiene alguna facultad especial la Administración contratante?

9·· La empresa de la actividad 5, reúne todos los requisitos para participar en un procedimiento de adjudicación de un contrato público de suministros de mobiliario de oficina para un ministerio y ha decidido presentar una proposición. ¿Qué documentación debe acompañar a esta?

10·· Un ayuntamiento inicia un expediente para adjudicar el asfaltado de un nuevo barrio de su localidad. En el pliego de cláusulas administrativas particulares indica que solamente se va a utilizar un criterio de adjudicación. En este caso, ¿cuál debe ser necesariamente el criterio para valorar?

11·· Desde el punto de vista de los principios que deben regir la contratación pública, ¿cuál es el procedimiento de adjudicación que cumple más estrictamente con ellos?

Casos finales

Tramitación de un expediente de contratación

La Administración General del Estado, en virtud de las competencias que tiene asumidas, desea ampliar las líneas de tren de alta velocidad (AVE) que existen hasta el momento.

Para ello ha iniciado un expediente administrativo, tramitado por el órgano de contratación, motivando la necesidad del contrato. Al expediente se han incorporado el pliego de cláusulas administrativas particulares y el de prescripciones técnicas que van a regir el contrato.

En los pliegos de cláusulas administrativas particulares se han incluido los pactos, condiciones, derechos y obligaciones de las partes del contrato, con el fin de que se ajusten al contenido de estos.

Con toda esta información, se procede a redactar el contrato, incluyendo en él, todos los contenidos mínimos exigidos legalmente.

Una vez realizados estos trámites, el órgano de contratación ha procedido a su aprobación junto con la de la autorización del gasto.

Posteriormente, el órgano de contratación ha publicado un anuncio de información previa con el fin de dar a conocer las características esenciales del contrato, debido a que su importe es superior a 5.186.000 €.

Una empresa ha visitado el perfil de contratante del órgano convocante y ha decido participar en la licitación. El empresario cuenta con la habilitación empresarial exigida para la realización de la actividad objeto del contrato y la empresa no está incursa en ninguna prohibición de contratar, pero desconoce si, para este tipo de contrato, debe cumplir algún otro requisito.

También puede acreditar su solvencia económica, financiera y técnica.

Como es la primera vez que participa en un procedimiento de este tipo, no sabe qué documentación debe aportar junto con la solicitud de participación.

En la convocatoria de la licitación, se indica que el procedimiento elegido para adjudicar el contrato es el procedimiento libre y que el único criterio que se va a valorar va a ser el precio.

Como la actividad que se va a llevar a cabo se prevé compleja, el empresario está pensando en subcontratar parte de ella y desea conocer si es posible hacerlo.

Finalmente, el empresario también desea conocer cuáles son las causas por las que puede resolverse el contrato.

a) Analiza si ha sido correcta la actuación de la Administración.
b) En función de la actividad que se va a realizar, ¿qué tipo de contrato se debe celebrar?
c) Señala el contenido mínimo que debe contener el contrato.
d) Para poder celebrar este contrato, en función de su importe, ¿debe el empresario cumplir algún requisito más de los que aparecen en el enunciado?
e) Indica la documentación que debe acompañar junto con la solicitud de participación.
f) ¿Podrá el empresario subcontratar parte de las actividades objeto del contrato?
g) Enumera las causas de resolución del contrato.

Autoevaluación

1. Se consideran principios que deben regir los procesos de contratación pública:

a) Libertad de acceso a las licitaciones.
b) Salvaguarda de la libre competencia.
c) Selección de la oferta económicamente más ventajosa.
d) Todas son correctas.

2. El contrato que tiene por objeto la realización por el concesionario de la restauración y reparación de construcciones existentes, así como la conservación y mantenimiento de los elementos construidos, y en el que la contraprestación a favor de aquel consiste, o bien únicamente en el derecho a explotar la obra, o bien en dicho derecho acompañado del de percibir un precio, se denomina:

a) Contrato de obras.
b) Contrato de suministro.
c) Contrato de gestión de servicios públicos.
d) Contrato de concesión de obras públicas.

3. No podrán contratar con el sector público, las personas en quienes concurra alguna de las circunstancias siguientes.

a) Haber solicitado el concurso voluntario.
b) No hallarse al corriente de las obligaciones tributarias.
c) Haber sido condenadas por sentencia firme por delitos económicos.
d) Todas son correctas.

4. Indica la respuesta incorrecta respecto al perfil del contratante:

a) Debe consultarse a través de Internet.
b) En él se debe publicar la adjudicación de los contratos.
c) Informará de los procesos de contratación abiertos.
d) Publicará las ofertas que realicen todos los licitadores.

5. Es necesario estar clasificado como contratista de obras por parte de la Administración para poder celebrar contratos de obras por importe igual o superior a:

a) 50.000 €.
b) 500.000 €.
c) 5.000 €.
d) Ninguna es correcta.

6. El documento donde se incluirán los pactos, condiciones, derechos y obligaciones de las partes del contrato y al que deben ajustarse estos, se denomina:

a) Pliego de cláusulas administrativas particulares.
b) Expediente.
c) Autorización del gasto.
d) Licitación.

7. La garantía provisional:

a) Deberá depositarse solo por el adjudicatario del contrato.
b) No será superior al 3% del presupuesto del contrato.
c) Será igual o superior a 50.000 €.
d) Todas son correctas.

8. Los criterios que han de servir de base para la adjudicación del contrato se determinarán por el órgano de contratación y se detallarán en:

a) El anuncio.
b) Los pliegos de cláusulas administrativas particulares.
c) Las proposiciones.
d) La y la b son correctas.

9. Los contratos administrativos se formalizarán:

a) En escritura administrativa.
b) En documento administrativo.
c) En documento privado.
d) El día siguiente a su adjudicación.

10. Se consideran contratos menores:

a) Los de importe inferior a 50.000 € cuando se trate de contratos de obras.
b) Los de importe inferior a 18.000 € cuando se trate de contratos de suministros.
c) Los de importe inferior a 18.000 € cuando se trate de contratos de servicios.
d) Todas son correctas.

Unidad 10

Documentos, información y registros públicos

Preguntas iniciales

1·· ¿Has tenido que cumplimentar alguna vez un documento ante la Administración?

2·· Si tienes que presentar un documento ante la Administración, ¿sabes cómo hacerlo?

3·· ¿Sabes qué derechos y deberes tienes respecto a la Administración?

4·· ¿Has acudido alguna vez a una Oficina de Información y Atención al Ciudadano?

5·· ¿Has realizado alguna vez un trámite administrativo por Internet?

En esta unidad aprenderás a...

- Distinguir los principales documentos de la Administración.
- Elaborar y presentar documentos ante la Administración.
- Reconocer los derechos y deberes frente a la Administración.
- Acceder a la información administrativa y a los archivos y registros de las Administraciones Públicas.

DOCUMENTOS, INFORMACIÓN Y REGISTROS PÚBLICOS

- **Funciones y características de los documentos administrativos**
  - De decisión
  - De transmisión
  - De constancia
  - De juicio
- **Clasificación de los documentos administrativos**
  - Solicitud
  - Denuncia
  - Alegaciones
  - Recursos
- **Documentos de los ciudadanos**
- **Derechos y deberes de los ciudadanos**
- **Información y participación**
- **Archivos y registros públicos**

Para el proyecto final

- Conocerás los documentos que emite la Administración.
- Elaborarás y presentarás documentos ante la Administración.
- Solicitarás y obtendrás información administrativa.

1 >> Documentos administrativos y soportes documentales

La actividad administrativa se ha de reflejar en documentos que sirven para ofrecer seguridad jurídica a los ciudadanos y para dejar constancia de la voluntad de la Administración, pues son la forma que tiene esta de expresarse. Podemos definir los **documentos** como:

> Cualquier expresión (textual, gráfica, sonora o en imagen) recogida en cualquier tipo de soporte material, incluidos los informáticos.

Para que un documento pueda ser calificado como administrativo, debe cumplir determinados requisitos:

CARACTERÍSTICAS DE LOS DOCUMENTOS ADMINISTRATIVOS

- Deben producir efectos jurídicos
- Deben ser válidamente emitidos por un órgano de la Administración

En la Administración, los documentos cumplen dos importantes **funciones:**

– Sirven para dejar constancia de los actos de la Administración.
– Sirven como medio de comunicación de los actos de la Administración tanto a nivel interno como externo.

Los documentos administrativos deben producir efectos jurídicos; por ello, la presentación de solicitudes, escritos, comunicaciones y documentos ante la Administración solo se podrá realizar en dos tipos de soporte: papel y medios informáticos, electrónicos o telemáticos, siempre que cumplan ciertos requisitos.

Requisitos de los soportes documentales administrativos
Deben permitir dejar constancia de la transmisión y recepción, de sus fechas y del contenido íntegro de las comunicaciones
Deben identificar fidedignamente al remitente y al destinatario

Documentos en el procedimiento administrativo

A lo largo de la tramitación de cualquier procedimiento administrativo, han de emitirse distintos tipos de documentos.

Según la fase en la que nos encontremos, los documentos se clasifican en: documentos de iniciación, por ejemplo, el acuerdo de iniciación del procedimiento; documentos de instrucción, como la citación para comparecencia, y documentos de terminación, como es el caso de la resolución.

Actividades

1·· David trabaja como auxiliar administrativo en una gestoría y debe presentar con urgencia una solicitud ante su Ayuntamiento, ya que el plazo finaliza próximamente. ¿Qué medio de presentación le recomendarías? ¿Por qué? ¿Qué ventajas ofrece respecto a otros posibles medios de presentación?

2·· Laura había solicitado una beca de estudios y hoy ha recibido una carta de la Consejería de Educación donde le notifican que se la han concedido. ¿Esa carta cumple con todas las funciones y características de los documentos administrativos? ¿Por qué?

2 >> Clasificación de los documentos administrativos

Los documentos administrativos más utilizados en la tramitación de cualquier procedimiento administrativo pueden dividirse en las siguientes categorías: documentos de decisión, de transmisión, de constancia y de juicio.

<table>
<tr><th colspan="3">Documentos de decisión</th></tr>
<tr><td colspan="3">Expresan la declaración de voluntad del órgano administrativo</td></tr>
<tr><td>Acuerdo</td><td colspan="2">Declaración que recoge las decisiones adoptadas por los órganos competentes durante la tramitación de un procedimiento.</td></tr>
<tr><td>Resolución</td><td colspan="2">Decisión que pone fin a un procedimiento.</td></tr>
<tr><th colspan="3">Documentos de transmisión</th></tr>
<tr><td colspan="3">Sirven para comunicar hechos o actos, bien a las personas físicas o jurídicas, bien a otros órganos administrativos</td></tr>
<tr><td>Notificación</td><td colspan="2">Comunicación de una resolución o acuerdo al interesado en un procedimiento administrativo.</td></tr>
<tr><td>Publicación</td><td colspan="2">Inserción de un acto administrativo en un diario oficial, tablón de anuncios o medio de comunicación con el fin de comunicarlo.</td></tr>
<tr><td rowspan="2">Comunicación</td><td rowspan="2">Documento utilizado para transmitir informaciones entre órganos de la Administración.</td><td>Oficio: cuando la comunicación se produce entre órganos o unidades pertenecientes a distintas Administraciones o entidades.</td></tr>
<tr><td>Nota interior: cuando la comunicación se produce entre unidades o puestos jerárquicamente dependientes de un mismo órgano superior.</td></tr>
<tr><th colspan="3">Documentos de constancia</th></tr>
<tr><td colspan="3">Constituyen una declaración de conocimiento de un órgano administrativo con el objetivo de acreditar actos o hechos</td></tr>
<tr><td>Acta</td><td colspan="2">Sirve para acreditar hechos, juicios, circunstancias o acuerdos producidos.</td></tr>
<tr><td>Certificado</td><td colspan="2">Deja constancia de actos o situaciones de carácter personal, con el objetivo de que surtan efecto en el ámbito público o privado.</td></tr>
<tr><td>Certificado de actos presuntos</td><td colspan="2">Acredita la existencia y validez de un acto presunto, cuando la Administración no ha dictado resolución a un procedimiento en el plazo legalmente establecido.</td></tr>
<tr><th colspan="3">Documentos de juicio</th></tr>
<tr><td colspan="3">Consisten en la emisión de una valoración o juicio de un órgano administrativo especializado sobre las cuestiones objeto de un procedimiento</td></tr>
<tr><td>Informes</td><td colspan="2">Su finalidad es proporcionar a los órganos que deben resolver los datos, valoraciones y opiniones necesarios para adoptar la decisión correspondiente.</td></tr>
</table>

Actividades

3·· ¿A qué tipo de documento pertenecerá el acuerdo del órgano administrativo de iniciación del procedimiento? ¿Y la petición de un informe a otro órgano?

4·· La publicación en el Boletín Oficial del Estado de los resultados de un proceso de selección de personal convocado por la Administración ¿se puede considerar como un acto de transmisión? ¿Por qué?

3 >> Documentos tipo ante la administración

Toda persona natural o jurídica puede ejercer el derecho de petición, individual o colectivamente, ante cualquier institución pública. Las peticiones podrán tratar sobre cualquier asunto comprendido en el ámbito de competencias del destinatario, con independencia de que afecten exclusivamente al peticionario o sean de interés general.

Para el ejercicio de este derecho, los ciudadanos pueden elaborar y presentar una serie de documentos administrativos.

Documentos	Características
Solicitud	Documento que contiene una o varias peticiones de un ciudadano dirigidas a promover la actuación de un órgano administrativo para satisfacer una o varias pretensiones basadas en un derecho o en un interés legítimo.
Denuncia	Documento por el que cualquier ciudadano pone en conocimiento de un órgano administrativo la existencia de un hecho que pudiera obligar a la iniciación de un procedimiento administrativo.
Alegaciones	Documento por el que el interesado en un procedimiento administrativo aporta a los órganos responsables de este datos o valoraciones para su consideración.
Recursos administrativos	Actuaciones de los particulares en las que se solicita de la Administración la revisión o revocación de una resolución administrativa o de un acto de trámite.

Ejemplos 1

Escrito de denuncia

Don Ildefonso Griñuelas Peña, con DNI n. º 12345678-W, domicilio en calle Larga 25, 2º-L de Astorga (León) y teléfono 987 11 22 33, como presidente de la Comunidad de Vecinos Calle Larga 25,

DENUNCIA

Ante el Ayuntamiento de Astorga, los siguientes **HECHOS:**

Primero

Que de forma repetida se estaciona el vehículo, con matrícula 8585-XVY en la puerta de acceso al garaje de esta comunidad, a pesar de estar visible la placa anual de VADO.

Segundo

Que la situación se viene repitiendo a pesar de las continuas peticiones de no estacionamiento realizadas al propietario del vehículo, con las consiguientes molestias para todos los vecinos del edificio

Esta denuncia se acompaña de los siguientes **DOCUMENTOS:**

1. Fotocopia que acredita estar al corriente del pago del vado.
2. Fotografías del vehículo estacionado en diferentes fechas.

A efectos de notificación el interesado señala como medio preferente el correo ordinario y como lugar de notificación el domicilio habitual del denunciante

Astorga, ocho de mayo de 20XX

SR. ALCALDE DEL AYUNTAMIENTO DE ASTORGA.

Actividades

5·· Se te ha extraviado el carné de estudiante de tu centro. Con tus datos personales y utilizando el modelo que incluimos a continuación, elabora en tu cuaderno una solicitud para que te expidan un duplicado de dicho carné.

D./D.ª ______________________________, con DNI n.º __________

EXPONE

(Recoger todos los hechos y numerarlos)

Primero

____

____

Segundo

____

____

Como consecuencia de ello,

SOLICITA

(Exponer de forma clara lo que se pide y numerarlo)

____

____

DOCUMENTOS

Como prueba de lo expuesto, adjunto los siguientes **documentos**: *(En caso de que se aporten)*

1. ____________________
2. ____________________

A los efectos de notificación, el interesado señala como **medio preferente** *(debe tratarse de un medio que deje constancia de la recepción por el interesado)* ____________________ y como **lugar de notificación** *(indicar dónde se desea recibir)* ______________________________.

(Lugar y fecha) __________, ____ de __________ 20XX

(Firma del solicitante)

(Órgano o persona al que se dirige la solicitud)

4 >> Derechos y deberes de los ciudadanos ante la Administración

Las leyes establecen una serie de derechos a los ciudadanos que están garantizados por los distintos procedimientos administrativos. Además, existe un catálogo de deberes que los ciudadanos deben cumplir en sus relaciones con la Administración.

Derechos de los ciudadanos
Conocer el estado de la tramitación de los procedimientos en los que tengan la condición de interesados y obtener copias de documentos contenidos en ellos.
Identificar a las autoridades y al personal al servicio de las Administraciones Públicas bajo cuya responsabilidad se tramiten los procedimientos.
Obtener copia sellada de los documentos que presenten, aportándola junto con los originales, así como a la devolución de estos, salvo cuando los originales deban obrar en el procedimiento.
Utilizar las lenguas oficiales en el territorio de su comunidad autónoma.
Formular alegaciones, aportar documentos y obtener copia sellada de estos.
No presentar documentos no exigidos por las normas aplicables al procedimiento o que ya se encuentren en poder de la Administración.
Obtener información y orientación jurídica o técnica en relación a sus solicitudes.
Acceder a los registros y archivos de las Administraciones Públicas.
Ser tratados con respeto y deferencia por las autoridades y funcionarios.
Exigir las responsabilidades de las Administraciones Públicas y del personal a su servicio, cuando así corresponda legalmente.
Cualesquiera otros que les reconozcan la Constitución y las leyes.

Deberes de los ciudadanos	
Colaboración con la Administración	Los ciudadanos están obligados a facilitar a la Administración informes, inspecciones y otros actos de investigación en los casos previstos por la ley. Los interesados en un procedimiento que conozcan datos que permitan identificar a otros interesados que no hayan comparecido en él tienen el deber de proporcionárselos a la Administración actuante.
Comparecencia ante las oficinas públicas	Solo será obligatoria cuando así esté previsto en una ley. La citación hará constar expresamente el lugar, fecha, hora y objeto de la comparecencia, así como los efectos de no atenderla. Las Administraciones Públicas, a solicitud del interesado, le entregarán certificación haciendo constar la comparecencia.

Actividades

6·· Un alumno de un centro educativo acude a la secretaría de este para solicitar información sobre el estado en el que se encuentra la tramitación de un procedimiento sancionador a un compañero. ¿Tiene derecho a conocer dicha situación?

7·· Inés acude al registro de un órgano administrativo a presentar una documentación, de la cual solo aporta los originales. ¿Puede exigir posteriormente su devolución? ¿Y solicitar una copia sellada de los documentos presentados?

5 >> Información, atención y participación del ciudadano

Tres de los derechos más importantes que asisten a los ciudadanos en sus relaciones con la Administración son el de información, atención y participación en los procedimientos.

5.1 > Información administrativa

La **información administrativa** es el cauce a través del cual los ciudadanos pueden acceder al conocimiento de sus derechos y obligaciones y a la utilización de los bienes y servicios públicos.

Existen dos tipos de información administrativa:

Tipos de información	Características
Información general	Es la que los ciudadanos tienen necesidad de conocer en sus relaciones con las Administraciones Públicas, en su conjunto, o con alguno de sus ámbitos de actuación. La información general se facilitará obligatoriamente a los ciudadanos, sin que tengan que acreditar ningún tipo de legitimación.
Información particular	Es la concerniente al estado o contenido de los procedimientos en tramitación y a la identificación de las autoridades y personal al servicio de la Administración bajo cuya responsabilidad se tramiten aquellos procedimientos. Esta información solo podrá ser facilitada a las personas que tengan la condición de interesados en cada procedimiento.

Información colectiva

Cuando resulte conveniente una mayor difusión, la información general deberá ofrecerse a los grupos sociales o instituciones que estén interesados en su conocimiento.

Se utilizarán los medios de difusión que en cada circunstancia resulten adecuados, potenciando aquellos que permitan la información a distancia, ya se trate de publicaciones, sistemas telefónicos o cualquier otra forma de comunicación que los avances tecnológicos permitan, como Internet y la Administración Electrónica.

Ejemplos 2

Tipos de información administrativa

La **información general** sería la relativa a los fines, funcionamiento y localización de organismos y unidades administrativas, o la referente a la tramitación de procedimientos, servicios públicos y prestaciones. Por ejemplo, la que proporciona cualquier organismo público, con carácter abierto a través de su página web.

La **información particular** sería la referente al estado de un procedimiento concreto. Por ejemplo, los datos tributarios de un contribuyente, que no serán públicos, sino que solo serán accesibles para los interesados en ese procedimiento.

Actividades

8·· Sofía quiere informarse sobre la oferta de empleo público aprobada para este año. Además, desea conocer las notas del procedimiento selectivo al que se presentó para obtener una plaza en la Administración General del Estado. ¿Qué tipo de información es cada una de ellas?

5.2 > Atención al ciudadano

La atención al ciudadano implica las siguientes funciones:

Funciones de los servicios de atención al ciudadano
Recepción y **acogida** a los ciudadanos, para facilitarles la orientación y ayuda necesarias.
Orientación e **información**, para ofrecer aclaraciones y ayudas sobre procedimientos y trámites.
Gestión, que incluye la recepción de documentación y el trámite y resolución de cuestiones.
Recepción de las **iniciativas** o **sugerencias** de los ciudadanos o de los propios empleados públicos.
Recepción de las **quejas** y **reclamaciones** de los ciudadanos.
Asistencia a los ciudadanos en el ejercicio del derecho de petición.

Para poder llevar a cabo las funciones anteriores, la Administración General del Estado dispone de **Oficinas de Información y Atención al Ciudadano** en la sede de cada Ministerio, en los organismos públicos que ofrecen información especializada y en las Delegaciones del Gobierno.

En cada comunidad autónoma y **en muchos municipios**, existen también Oficinas de Información y Atención al Ciudadano.

Red 060

La red 060 (www.060.es) es el punto de acceso a la Administración electrónica para ciudadanos y empresas.

Tiene como objetivos facilitar la información administrativa sobre la actividad, la organización y el funcionamiento de las Administraciones y orientar sobre los servicios públicos electrónicos de la Administración.

Casos prácticos 1

Atención al ciudadano

Sandra acaba de finalizar sus estudios y decide crear una empresa. Para ello, se ha informado de los trámites de constitución y del procedimiento que debe seguir. En su comunidad autónoma, tiene la posibilidad de hacerlo a través de Internet, pero lo ha intentado y no consigue finalizar el proceso de constitución, por lo que decide acudir a la Oficina de Atención al Ciudadano para presentar allí la documentación. Además, desea informarse de las subvenciones que ofrecen para los emprendedores y presentar una sugerencia para mejorar el servicio de Internet.

¿Qué funciones de atención al ciudadano le deben prestar en este caso?

Solución

- **De recepción y acogida a los ciudadanos:** cuando llega, ha de ser recibida, al objeto de facilitarle la ayuda que precisa, relativa al lugar o lugares donde ha de solicitar la información sobre la subvención y presentar la documentación y la sugerencia.
- **De orientación e información,** cuya finalidad es la de ofrecerle las aclaraciones relativas a la subvención, que es una prestación de la que puede beneficiarse.
- **De gestión,** que comprende la recepción de la documentación que presenta.
- **De recepción de las iniciativas o sugerencias,** para mejorar la calidad del servicio de administración electrónica de esa Administración Pública.

5.3 > Participación administrativa

Los ciudadanos pueden participar en la mejora de los servicios públicos mediante la presentación de quejas, reclamaciones y sugerencias:

Participación administrativa de los ciudadanos	
Queja	Es una facultad que puede ser ejercida por cualquier ciudadano, independientemente de su condición de interesado, mostrando su insatisfacción ante cualquier tardanza o desatención por parte de la Administración en alguna de sus actuaciones.
Reclamación	Es una solicitud en la que se pone en conocimiento de la Administración cualquier tipo de actuación irregular que se observe en el funcionamiento de las dependencias administrativas. Se tramitarán por el mismo procedimiento que las quejas.
Sugerencia	Es una propuesta que tiene como objetivo la mejora de los servicios públicos. Las diferentes administraciones deben habilitar medios como buzones o direcciones de correo electrónico para facilitar su emisión por parte de los ciudadanos.

En todos los organismos de la Administración General del Estado, se deberá determinar la **unidad administrativa responsable de la gestión de las quejas y sugerencias,** que deberá tramitar y dar respuesta a estas.

Las quejas no tendrán, en ningún caso, la calificación de recurso administrativo ni su presentación interrumpirá los plazos establecidos en la normativa vigente. Estas quejas no condicionan, en modo alguno, el ejercicio de las restantes acciones o derechos que puedan ejercer los interesados en el procedimiento.

Casos prácticos 2

Tramitación de las quejas

Carlos quiere poner una queja ante un organismo de la Administración porque entiende que este ha actuado de forma irregular en un procedimiento en el que figura como interesado. ¿Cómo se tramitará esta queja?

Solución

Carlos puede hacer llegar su queja a la Administración, de forma presencial, suscribiendo el correspondiente formulario, por correo postal o de forma telemática, a través de Internet (Sede Electrónica).

Las quejas anónimas (ya sean presenciales, escritas o telemáticas) no surtirán efectos de cara a la contestación al interesado, aunque sí podrán ser tenidas en cuenta a efectos internos.

Recibidas las quejas en la dependencia afectada, esta, en el plazo de 20 días y previas las aclaraciones que estime recabar del ciudadano, informará a este de las actuaciones realizadas y de las medidas adoptadas.

Actividades

9·· Una asociación de consumidores no está de acuerdo con la subida del precio del transporte público aprobada por el Pleno del Ayuntamiento, por lo que, desde hace varios meses, ha solicitado una reunión con el responsable del área de transportes, pero aún no les ha respondido ni ha fijado ninguna fecha para recibirles. ¿Qué tipo de mecanismo de participación administrativa deberían utilizar para poner de manifiesto estos hechos y conseguir ser atendidos?

6 >> Archivos y registros públicos

Los órganos administrativos deben llevar un registro general en el que se hará constar la entrada de todo escrito o comunicación que sea presentado o que se reciba, así como la salida de los escritos y comunicaciones oficiales dirigidas a otros órganos o particulares.

Las solicitudes, escritos y comunicaciones que los ciudadanos dirijan a los órganos de las Administraciones Públicas podrán presentarse:

Lugares de presentación de documentos dirigidos a la Administración
Registros de los órganos administrativos **a los que se dirijan.**
Registros de **cualquier órgano administrativo** que pertenezca a la Administración General del Estado, a la de cualquier Administración de las comunidades autónomas o a la de alguna de las entidades que integran la Administración Local si, en este último caso, se hubiese suscrito el oportuno convenio.
Oficinas de correos, representaciones diplomáticas y **oficinas consulares** de España en el extranjero.
Cualquier otro lugar que establezcan las disposiciones vigentes.

Registros telemáticos

Para la recepción o salida de solicitudes, escritos y comunicaciones que se transmitan por medios telemáticos, existen registros telemáticos.

Los registros telemáticos permitirán la presentación de solicitudes, escritos y comunicaciones todos los días del año durante las 24 horas.

Los ciudadanos tienen **derecho a acceder** a los **registros y a los documentos** que, formando parte de un expediente, obren en los archivos administrativos, cualquiera que sea la forma de expresión, gráfica, sonora o en imagen o el tipo de soporte material en que figuren, **siempre que tales expedientes correspondan a procedimientos terminados** en la fecha de la solicitud.

El **acceso** a los documentos que contengan datos referentes a la **intimidad de las personas** estará **reservado a estas.**

El ejercicio del derecho de acceso puede ser denegado cuando prevalezcan razones de interés público, por intereses de terceros más dignos de protección.

Algunos archivos y registros se regirán por sus disposiciones específicas, debido a la información que contienen, por ejemplo, los que contengan datos sanitarios personales de los pacientes, el Registro Civil o los archivos históricos.

El derecho de acceso conlleva el de **obtener copias** o **certificados** de los documentos cuyo examen sea autorizado por la Administración.

Las Administraciones Públicas deberán hacer pública y mantener actualizada una relación de las oficinas de registro propias o concertadas, sus sistemas de acceso y comunicación, así como los horarios de funcionamiento.

Actividades

10·· Pedro ha creado una empresa y debe presentar la documentación necesaria para solicitar la licencia de apertura de esta. El viernes acudió al registro, pero ya era tarde y estaba cerrado. ¿Tiene que esperar hasta el lunes para presentar dicha documentación?

Actividades finales

1·· ¿Qué tipo de documento es el acuerdo del órgano administrativo de iniciación del procedimiento? ¿Y la petición de un informe a otro órgano?

2·· La publicación en un diario oficial de los resultados de un procedimiento selectivo convocado por la Administración ¿se puede considerar como un acto de transmisión? ¿Por qué?

3·· ¿Qué tipo de documento tendrás que solicitar a la Administración si no has podido asistir a clase por tener que ir a examinarte para obtener el permiso de conducir?

4·· Marcos ha recibido una citación para acudir a la delegación de la Agencia Tributaria de su localidad para aclarar unas cuestiones relativas a su declaración de la renta. ¿Está obligado a presentarse? En caso de que no acuda, ¿qué consecuencias puede tener?

5·· Daniel es el presidente de la Asociación de Vecinos de su barrio. El Ayuntamiento tiene previsto realizar unas obras de remodelación de las aceras y los vecinos desean informarse acerca de dichas obras. ¿Puede Daniel, en su calidad de presidente de la asociación, solicitar información sobre estas? ¿De qué tipo de información se trataría?

6·· Rodrigo es usuario de la piscina municipal. Últimamente ha observado que existen varios desperfectos en las instalaciones y desea poner este hecho en conocimiento de los responsables. ¿Cómo podría participar en la mejora de este servicio público?

7·· ¿Puede entregarse en el registro de una comunidad autónoma una documentación cuyo destinatario es la Administración General del Estado?

8·· Julio se encuentra de viaje por en una comunidad autónoma distinta de la de su residencia habitual y debe presentar en esta última una documentación. ¿Puede hacerlo sin tener que desplazarse? ¿Y si se encontrara fuera de España?

9·· Un empresario quiere conocer datos sanitarios de carácter personal de uno de sus trabajadores que se encuentra ingresado en el hospital. ¿Podría consultar en el registro del hospital dichos datos?

10·· Ignacio debe presentar una documentación ante la Administración, pero tiene un pequeño negocio y desea no tener que ausentarse para presentarla. ¿Puede presentar la documentación por otro medio que no le obligue a ausentarse del trabajo?

11·· Para solicitar una subvención, Celia necesita el documento que acredita que tiene la licencia de apertura de su negocio, pero se da cuenta de que lo ha extraviado. ¿Puede solicitar una copia a la Administración?

12·· Indica, en cada uno de los casos siguientes, el medio que deben emplear los ciudadanos para participar en la mejora de los servicios públicos:

a) Propuesta que tiene como objetivo mejorar el servicio de atención telefónica del Ayuntamiento.
b) Mostrar la insatisfacción de un grupo de vecinos por el mal estado de conservación del mobiliario urbano de su barrio.
c) Poner en conocimiento de los responsables del centro de salud que no funciona el aire acondicionado de la sala de espera.

13·· Identifica en qué fases del procedimiento administrativo se emiten los documentos de decisión, transmisión, constancia y juicio.

14·· Indica y razona si es correcta la siguiente afirmación: "Los ciudadanos tienen derecho a acceder a los registros y a los documentos que, formando parte de un expediente, obren en los archivos administrativos, únicamente en formato papel".

Casos finales

Comunicación a la administración

Los usuarios de un parque público, dotado de columpios e instalaciones recreativas, al que acuden con sus hijos menores de edad, vienen observando durante el último mes que los fines de semana por la mañana las instalaciones aparecen repletas de desperdicios y cristales rotos. Además, varios columpios han sido dañados y han quedado inutilizados, por lo que representan un peligro para los usuarios.

Desean poner en conocimiento del Ayuntamiento esta situación. Además, creen que estas instalaciones podrían cerrarse por las noches con el fin de evitar que vuelvan a ocurrir estos hechos.

En la página web municipal, existe la posibilidad de comunicar estos hechos e incluso se pueden aportar fotografías y vídeos, por lo que, considerando que era la manera más rápida de actuar, uno de los padres ha enviado varias fotografías del estado en el que se encontraban las instalaciones, así como de los daños sufridos.

Aunque en la propia página le indican que en un plazo máximo de 48 horas se pondrán en contacto con cualquier persona que haya utilizado el servicio, ha transcurrido ya una semana y no ha obtenido respuesta.

Finalmente, en vista de que no ha recibido ninguna contestación, solicita permiso en su trabajo y decide acudir personalmente a las dependencias municipales.

a) ¿Cómo pueden poner en conocimiento del Ayuntamiento estos hechos?

b) La propuesta de cerrar las instalaciones por la noche ¿se puede considerar como una iniciativa para mejorar el servicio?

c) ¿Qué tipo de documento debe utilizar para comunicar el mal funcionamiento del servicio que presta el Ayuntamiento vía Internet?

d) ¿Con qué documentos puede justificar su ausencia al trabajo? ¿A qué tipo de documento pertenece?

Documentación administrativa

Un órgano administrativo ha iniciado un procedimiento. A lo largo de este se han producido una serie de situaciones que ha tenido que ir resolviendo, hasta llegar a la resolución del procedimiento, entre otras:

a) Comunicación al interesado decisiones y acuerdos.

b) Comunicación con órganos pertenecientes a distintas Administraciones.

c) Acreditación y constancia de actos o situaciones de carácter personal.

Indica qué tipo de documento ha tenido que emitir en cada caso.

Autoevaluación

1. Para que un documento sea calificado como administrativo, debe:

a) Producir efectos jurídicos.
b) Ser emitido por un órgano de la Administración.
c) No producir efectos jurídicos.
d) La a y la b son correctas.

2. El documento utilizado durante un procedimiento administrativo, para transmitir informaciones entre órganos o unidades pertenecientes a distintas Administraciones o entidades, se denomina:

a) Nota interior.
b) Oficio.
c) Acta.
d) Acuerdo.

3. Se consideran documentos de constancia:

a) Acta.
b) Certificado.
c) Informe.
d) La a y la b son correctas.

4. El documento por el que el interesado en un procedimiento aporta a los órganos responsables de este datos o valoraciones para su consideración se denomina:

a) Solicitud.
b) Alegación.
c) Denuncia.
d) Informe.

5. La información concerniente al estado o contenido de los procedimientos en tramitación y a la identificación de las autoridades y personal al servicio de la Administración bajo cuya responsabilidad se tramiten aquellos procedimientos se denomina:

a) Información particular.
b) Información colectiva.
c) Información general.
d) Ninguna es correcta.

6. La información que los ciudadanos tienen la necesidad de conocer en sus relaciones con las Administraciones Públicas en su conjunto o en alguno de sus ámbitos de actuación es una información:

a) Particular.
b) Colectiva.
c) General.
d) Reservada.

7. Son funciones de las Oficinas de Información y Atención al Ciudadano:

a) La orientación e información.
b) La recepción de iniciativas o sugerencias.
c) Gestión.
d) Todas son correctas.

8. El derecho de acceso a archivos y registros públicos, puede ser ejercido:

a) Cuando prevalezcan razones de interés público.
b) Respecto a expedientes relativos a procedimientos terminados en la fecha de solicitud.
c) Cuando existan intereses de terceros más dignos de protección.
d) Todas son correctas.

9. La propuesta que tiene como objetivo la mejora de los servicios públicos se denomina:

a) Queja.
b) Sugerencia.
c) Recurso.
d) Reclamación.

10. El derecho de petición, que toda persona natural o jurídica puede ejercer ante cualquier institución pública, Administración o autoridad, así como ante los órganos de dirección y administración de los organismos y entidades vinculados o dependientes de las Administraciones Públicas:

a) Solo puede ser ejercido individualmente.
b) Se refiere exclusivamente a materias de interés particular.
c) Puede versar sobre cualquier asunto o materia comprendido en el ámbito de competencias del destinatario.
d) Ninguna es correcta.

Proyecto final

Relaciones entre empresa y Administración

Trámites jurídicos y fiscales para la creación y puesta en marcha de una empresa. Innovación y expansión internacional

Cuatro compañeros, Sergio, Cristina, David y Naiara, han finalizado sus estudios de Formación Profesional y ya tienen su título de Técnico en Gestión Administrativa.

Dos de ellos, Sergio y Cristina, poseen cierta experiencia laboral, ya que han trabajado durante unos meses en un negocio familiar de venta de artículos de papelería y en una empresa de servicios, respectivamente.

Los otros dos únicamente han tenido relación con el mundo laboral durante la realización de la Formación en Centro de Trabajo (FCT).

Aunque desean seguir formándose, les gustaría también emprender alguna actividad, ya que se consideran preparados para ello con los conocimientos que han adquirido en el ciclo formativo.

Sergio, por su trabajo en el negocio familiar, conoce el sector de la papelería y cree que junto con sus compañeros pueden aplicar un proceso innovador que funcione en el mercado.

Por ello, reúne a sus amigos y les plantea crear una empresa de venta a distancia de artículos de papelería, utilizando Internet y aplicaciones de telefonía móvil. La idea es poder vender sus productos en cualquier lugar del mundo, a empresas, particulares y Administraciones Públicas.

Para elaborar su plan de empresa, lo primero que tienen que decidir es la forma jurídica que desean adoptar en función de la responsabilidad que desean asumir y del capital del que disponen.

Los cuatro socios cuentan con un capital inicial de 10.000 € aportado por ellos y desean que su responsabilidad por las deudas en que pudieran incurrir se limite a dicho capital.

Como es su primera experiencia empresarial como emprendedores, les gustaría poder iniciar cuanto antes su actividad y, si es posible, gozar de algún beneficio fiscal.

También deben cumplir con sus obligaciones fiscales como empresa, por lo que, además de dar de alta a la empresa en el censo, tienen que cumplir con el resto de obligaciones fiscales en función de los impuestos por los que tienen que tributar, cumplimentando los modelos de declaraciones y liquidaciones, respetando los plazos para presentar las declaraciones y sin incurrir en ninguna infracción tributaria que pudiera suponerles una sanción.

1. ¿Cuál es la forma jurídica más adecuada para su empresa en función de la responsabilidad que desean asumir y del capital del que disponen? ¿Qué ventajas ofrece?
2. ¿Por q ué su idea de negocio puede considerarse como innovadora? ¿Existe alguna ayuda a la que puedan optar?
3. El hecho de vender sus productos a través de Internet y que puedan llegar a ser adquiridos en cualquier parte del mundo ¿supone un primer paso para dar a conocer su empresa en el exterior y posteriormente iniciar un proceso de expansión internacional?
4. ¿Qué obligaciones fiscales deben cumplir como consecuencia del tipo de sociedad que han elegido? ¿Cometerían alguna infracción tributaria si no cumplen con dichas obligaciones?
5. ¿Por qué impuesto debe tributar la empresa por las rentas que obtiene en su actividad? ¿Qué tipo impositivo se le debe aplicar?

Aplicación de la normativa nacional y europea

Después de constituir su empresa, **LA PAPPELERIA**, han comenzado su actividad empresarial cumpliendo con todos los trámites de constitución y puesta en marcha de la actividad.

Han contratado a dos trabajadores y han tenido que realizar trámites ante diversos organismos pertenecientes a diferentes Administraciones Públicas: Seguridad Social (que pertenece a la Administración General del Estado) y Consejería de Trabajo y Empleo de su comunidad autónoma.

También a escala municipal han tenido que realizar algunas gestiones en su Ayuntamiento.

Comenzaron a trabajar con un proveedor, pero han tenido que cambiar, ya que han tenido problemas con él sobre la interpretación del contrato de compraventa y van a tener que acudir a la vía judicial para que resuelva sobre la cuestión.

En sus operaciones a través de Internet y dispositivos móviles realizan el cobro por transferencia bancaria y por tarjeta de crédito y débito, y disponen de un servicio de atención al cliente para atender las posibles incidencias que se presenten durante todo el proceso comercial.

Por el tipo de actividad que realizan y la manera de llevarla a cabo, deben estar pendientes de la normativa que se va aprobando tanto a escala nacional como internacional, especialmente de las normas provenientes de la Unión Europea en materia de comercio electrónico y protección de los consumidores y usuarios.

6. ¿De qué tipo es el Derecho que se aplica en las relaciones de la empresa con sus clientes particulares y empresas?
7. Cuando se relacionan con la Administración en materia tributaria, ¿de qué tipo son las normas jurídicas que regulan dicha relación?
8. ¿Qué institución es la encargada de aprobar las leyes a escala nacional? ¿Y a escala autonómica?
9. Una vez aprobadas las leyes, ¿quién se encarga de ejecutarlas y de hacer que se cumplan?
10. En caso de que existieran dos normas jurídicas sobre comercio electrónico pero de distinto rango jerárquico, ¿cuál de ellas se debe aplicar?
11. ¿A qué órgano judicial deberán acudir para solucionar el conflicto con su proveedor?
12. ¿Cómo se determina la competencia judicial en este caso?
13. Al existir diferentes Administraciones Públicas (Administración General del Estado, de la Comunidad Autónoma y del Ayuntamiento), ¿cómo se reparten las competencias entre ellas?
14. ¿Qué tipo de normas de la Unión Europea pueden afectarles en el ejercicio de su actividad?
15. ¿Qué instituciones son las encargadas de aprobar la legislación de la Unión Europea?
16. ¿De qué tipo son las rentas que obtienen los trabajadores de la empresa a la hora de tributar por el Impuesto sobre la Renta de las Personas Físicas?
17. ¿Está obligada la empresa a practicar retenciones a sus trabajadores? ¿En qué consiste esa obligación fiscal?

Obligaciones fiscales e información administrativa

Ha pasado un año desde la creación de la empresa y, de momento, sus clientes son particulares y empresas que realizan sus compras a través de Internet y de aplicaciones móviles.

El primer año de PAPPELERIA (20X0) fue muy exitoso y la empresa obtuvo un rendimiento neto tras el ajuste fiscal de 242.000 €.

En el primer trimestre de 20X1, han realizado las siguientes operaciones (Impuesto sobre el Valor Añadido [IVA] no incluido):

- Compra de productos: 25.600 €.
- Venta de productos: 59.870 €.
- Pago de salarios: 16.250 €.
- Alquiler de servidores informáticos: 1.240 €.
- Entrega de artículos de promoción sin valor comercial: 2.360 €.
- Comisiones bancarias: 174 €.
- Compra de una fotocopiadora para la empresa: 268 €.

A la hora de cumplimentar la liquidación de IVA, les han surgido algunas dudas y han intentado ponerse en contacto con la Agencia Estatal de Administración Tributaria (AEAT) por vía telefónica, pero les ha resultado imposible, ya que el teléfono siempre estaba comunicando.

También han enviado un correo electrónico a la dirección que aparece en la página web de dicha entidad, sin obtener respuesta. Por ello, deciden acudir personalmente a la delegación que les corresponde para poder realizar allí su consulta.

Después de informarse acerca del lugar al que tienen que dirigirse, consiguen ser atendidos y les resuelven satisfactoriamente todas sus dudas.

Aprovechando que están en la delegación, les gustaría poner en conocimiento de la Administración las dificultades que han tenido para contactar telefónicamente y por vía telemática, con el objetivo de mejorar el servicio que se presta a los contribuyentes, por lo que solicitan información sobre cómo realizar este trámite. Les informan que deben cumplimentar un documento.

Una vez cumplimentado este documento, les informan de que disponen de un buzón para entregarlo.

18. Calcula la base imponible y la cuota íntegra del Impuesto sobre Sociedades que debe pagar la empresa el primer periodo impositivo de su actividad, sabiendo que tributa por el método de estimación directa y que ha obtenido un rendimiento neto tras el ajuste fiscal de 242.000 euros.
19. Realiza la liquidación del IVA correspondiente al primer trimestre del año 20X1 e indica los modelos y plazos de la declaración-liquidación.
20. En las ventas que realizan a los comerciantes minoristas, ¿qué régimen especial de IVA tienen que aplicar?
21. ¿De qué tipo es la información que van a solicitar a la Agencia Tributaria?
22. ¿Qué funciones de atención al ciudadano puedes identificar en este caso?
23. ¿Qué derechos de los ciudadanos en sus relaciones con la Administración están presentes en este supuesto?
24. ¿Cómo han participado para mejorar el servicio público que presta la Administración?

25. Cumplimenta el documento que han tenido que rellenar, según el modelo siguiente:

HOJA DE SUGERENCIAS DE MEJORA

D/Dª.	
DNI:	**TELÉFONO:**
DOMICILIO:	
EXPONE:	
MEJORA SUGERIDA:	
Espacio reservado para el sello de la Administración	**Firmado:** **_____________ a ______ de _____ de 20__**

El empleo público

Daniel, hermano de Cristina, también ha finalizado sus estudios de Gestión Administrativa, pero, en lugar del mundo empresarial, le atrae más trabajar en la Administración.

Sabe que existen diferentes tipos de empleados públicos y tiene decidido presentarse a alguno de los procedimientos selectivos que se convoquen para cubrir una plaza de auxiliar administrativo en cualquier Administración Pública: estatal, autonómica o local.

Antes de tomar una decisión definitiva, se ha informado de los derechos que le corresponderían en caso de ser seleccionado. Al poco tiempo de terminar el ciclo formativo, se convoca un procedimiento selectivo para el ingreso en el cuerpo de auxiliares administrativos de su Ayuntamiento, estableciéndose en la convocatoria que el sistema de selección va a ser el de oposición.

Daniel se presenta al procedimiento y consigue un puesto de trabajo como funcionario de carrera, desempeñando un puesto de auxiliar administrativo.

En su puesto de trabajo debe atender a los ciudadanos, así que debe respetar todos los principios de actuación de los empleados públicos.

26. ¿Qué tipos de empleados públicos existen?
27. En caso de ser seleccionado, ¿cuáles son los principales derechos y deberes que le corresponderían como empleado público?
28. Además de la oposición, ¿qué otros tipos de procedimientos selectivos conoces?
29. En función de su titulación académica, ¿en qué grupo de clasificación profesional estaría incluido?
30. ¿Qué requisitos debe cumplir para adquirir la condición de funcionario de carrera?
31. ¿Cuáles son los principios de actuación que debe respetar Daniel en su trabajo como funcionario público?

Relaciones de la empresa con la Administración

Las ventas han mejorado y la empresa está en proceso de crecimiento.

A escala nacional han adquirido un nuevo almacén más grande que el que tenían hasta ahora, el cual se ha quedado pequeño porque, aunque su negocio principal son las ventas a distancia, ahora han comenzado con la venta directa, a través de dos nuevas tiendas que han abierto.

El nuevo almacén se encuentra en una zona nueva de la ciudad que no está muy bien señalizada, por lo que los transportistas tienen dificultades para acceder a las instalaciones. Desde la empresa quieren solucionar esta situación y deciden presentar una solicitud ante el Ayuntamiento con la finalidad de que se instalen las señales oportunas en la zona.

Han realizado fotografías de la zona y las quieren adjuntar a la solicitud, aunque están en formato digital.

Además, también quieren poner en conocimiento de las autoridades que, en la calle donde se encuentra ubicada una de sus tiendas, se vienen produciendo averías reiteradas en el alumbrado público que están provocando situaciones de inseguridad para los vecinos y comerciantes de la zona.

También han comenzado a exportar de manera ocasional, ya que tienen muchos clientes extranjeros, sobre todo en los países latinoamericanos. Ello ha hecho que la actividad de la empresa aumente considerablemente.

32. Confecciona la solicitud correspondiente utilizando el modelo que incluimos a continuación. Los datos de la empresa son los siguientes: **Empresa:** PAPPELERIA SLNE; NIF: B42112233; **Representante de la empresa:** Sergio Álvarez Gil (NIF 07894561G); **Domicilio:** c/ Antonio Machado, 16. 42042 Soria; **Teléfono de contacto:** 975112 233; **correo electrónico:** infopappeleria@pappeleria.com.

D./D.ª ______________________________mayor de edad, con DNI número ______________ en nombre y representación de ____________________, con domicilio a efectos de notificaciones en ______________,

EXPONE

(Recoger todos los hechos, de forma ordenada, clara y numerada)

Primero

____

Segundo

____

Y por todo ello,

SOLICITA

(Exponer de forma clara lo que se pide)

____
____

DOCUMENTOS

Como prueba de lo expuesto, adjunto los siguientes documentos: (En caso de que se aporten)

1. ______________________
2. ______________________

A los efectos de notificación, el interesado señala como medio preferente (debe tratarse de un medio que deje constancia de la recepción por el interesado) ______________________________ y como lugar de notificación (indicar dónde se desea recibir) ____.

(Lugar y fecha) __________, ___ de __________ 20XX

(Firma del solicitante)

(Órgano o persona al que se dirige la solicitud)

33. ¿Pueden adjuntar las fotografías a la solicitud aunque estén en formato digital?
34. Si se produjeran averías en el alumbrado, ¿qué documento administrativo debe presentar la empresa?
35. Para solucionar cuanto antes esta situación, aprovechando que Daniel, el hermano de Cristina, es funcionario del Ayuntamiento, ¿podrían pedirle que tramitara la solicitud antes que otras que se hubieran presentado con anterioridad? ¿Incumpliría Daniel el código de conducta de los empleados públicos?
36. En el proceso de internacionalización empresarial, ¿en qué etapa se encuentra la empresa?

Procedimientos administrativos

La empresa **PAPPELERIA** recibe la notificación de una denuncia del Ayuntamiento por exceso de velocidad de uno de sus vehículos de reparto. En ella se indica que se va a iniciar un procedimiento sancionador y se señala un plazo para presentar alegaciones a dicha denuncia.

La empresa decide presentar las alegaciones oportunas y continuar así con el procedimiento. En el escrito de alegaciones, solicitan a la Administración que presente las pruebas que demuestren que se ha cometido dicha infracción.

Tiempo después, vuelven a recibir una notificación del Ayuntamiento en la que se desestiman las alegaciones y se impone una sanción económica, informando de que dicha decisión no pone fin a la vía administrativa y que contra esta cabe interponer recurso administrativo.

Deciden presentar el recurso, alegando que no ha quedado acreditada la comisión de la infracción de tráfico, por lo que no es procedente la imposición de la sanción.

37. ¿De qué tipo es el acto administrativo que les han notificado?
38. ¿Qué contenido debe tener la notificación?
39. ¿Se puede considerar a la empresa como interesada en este procedimiento administrativo?
40. ¿Cuáles son los requisitos que debe contener el acto administrativo que se inicia con la denuncia para ser válido?
41. ¿Qué consecuencias tendría el acto administrativo si se hubiera dictado por un órgano administrativo manifiestamente incompetente para dictarlo?
42. ¿En el momento de presentar alegaciones, en qué fase del procedimiento nos encontramos?
43. ¿Qué tipo de recurso administrativo debemos interponer? ¿Cuáles son sus características?
44. ¿En qué registros pueden presentar el recurso administrativo?

45. Confecciona el recurso administrativo, de acuerdo al siguiente modelo. Puedes utilizar los mismos datos de la solicitud.

D./D. ª ______________________________ mayor de edad, con DNI número ______________ vecino de ______________, con domicilio a efectos de notificaciones en ______________, de conformidad con lo dispuesto en el artículo 114 de la Ley 30/92, de 26 de noviembre, de Régimen Jurídico de las Administraciones Públicas y del Procedimiento Administrativo Común

EXPONGO

Que con fecha __________ fue notificada la resolución número __________, en expediente número __________, dictada por *(señalar la autoridad u órgano que dictó la resolución que se recurre)*, con fecha de ______________, relativa a *(indicar el asunto)*.

Que, por el presente escrito, **INTERPONGO RECURSO DE** *(indicar el nombre del recurso que se interpone)* contra la citada resolución por *(indicar los motivos)*, con base en los siguientes HECHOS y FUNDAMENTOS DE DERECHO:

HECHOS

(Exponer todos los hechos, de forma ordenada y clara)

____

FUNDAMENTOS DE DERECHO

(Indicar las causas de nulidad y anulabilidad en que ha incurrido la resolución, citando los artículos y normas legales en que se basa el recurso, ordenados numéricamente, utilizando expresiones como "Según el artículo....", "A tenor de la jurisprudencia...").

Primero: ______________________________________

Segundo: ______________________________________

Por todo ello,

SOLICITO

Que se tenga por presentado este escrito y se dicte resolución por la que *(especificar claramente la petición).*

____

(Lugar y fecha) __________, ___ de __________ 20XX

(Firma del recurrente)

AL *(Órgano que deba conocer y resolver el recurso)*

Contratación pública

La empresa PAPPELERIA estima que otra opción de negocio interesante es convertirse en proveedor de la Administración Pública, por lo que deciden participar en los procedimientos de adjudicación de contratos administrativos que se convoquen durante el año. Su objetivo es obtener algún contrato como proveedores de artículos de papelería, y cuentan con su experiencia en el sector.

Al poco tiempo, la Consejería de Educación de su comunidad autónoma convoca un procedimiento para adjudicar un contrato que tiene como objetivo la adquisición de productos de papelería y material de oficina para sus dependencias, por un importe de 26.456 €.

En la información relativa a la convocatoria, se establecen los requisitos que debe cumplir la empresa para poder ser contratista de la Administración y comprueban que los cumplen todos.

También cumplen con todas las condiciones establecidas y con las características técnicas para celebrar el contrato.

En el procedimiento establecido para la adjudicación del contrato, todo empresario interesado podrá presentar una proposición, quedando excluida toda negociación de los términos del contrato con los licitadores.

Una vez que cuentan con toda la información necesaria, deciden elaborar una solicitud de participación y presentar su proposición junto con los demás documentos necesarios.

46. ¿De qué tipo de contrato administrativo se trataría?
47. ¿Dónde puede la empresa encontrar toda la información necesaria acerca del procedimiento?
48. ¿Qué requisitos exige la Administración para poder ser contratista suyo?
49. ¿En qué documentos se recogen las condiciones y las características técnicas que deben cumplir las partes del contrato?
50. ¿Cuál es el procedimiento establecido para la adjudicación del contrato?
51. Junto con la solicitud de participación en el procedimiento de adjudicación, ¿qué otra documentación debe presentar la empresa?
52. Una vez que el órgano de contratación ha recibido todas las propuestas, ¿cómo continua el procedimiento?
53. Si finalmente la empresa es seleccionada, ¿cómo debe ejecutar el contrato?
54. Una vez adjudicado el contrato, ¿por qué causas se puede extinguir?

RESPUESTAS AUTOEVALUACIÓN

.: UNIDAD 1 :.

1·· b
2·· d
3·· c
4·· c
5·· d
6·· c
7·· b
8·· c
9·· d
10·· d

.: UNIDAD 2 :.

1·· a
2·· a
3·· d
4·· c
5·· d
6·· c
7·· d
8·· d
9·· d
10·· d

.: UNIDAD 3 :.

1·· a
2·· a
3·· c
4·· b
5·· c
6·· d
7·· b
8·· d
9·· a
10·· b

.: UNIDAD 4 :.

1·· a
2·· a
3·· d
4·· d
5·· d
6·· d
7·· c
8·· b
9·· c
10·· b

.: UNIDAD 5 :.

1·· d
2·· d
3·· a
4·· a
5·· b
6·· c
7·· d
8·· d
9·· b
10·· d

.: UNIDAD 6 :.

1·· b
2·· b
3·· c
4·· d
5·· c
6·· c
7·· a
8·· a
9·· b
10·· b

.: UNIDAD 7 :.

1·· d
2·· c
3·· b
4·· b
5·· a
6·· c
7·· b
8·· b
9·· c
10·· a

.: UNIDAD 8 :.

1·· b
2·· c
3·· b
4·· d
5·· a
6·· c
7·· b
8·· d
9·· d
10·· c

.: UNIDAD 9 :.

1·· d
2·· d
3·· d
4·· d
5·· b
6·· a
7·· b
8·· d
9·· b
10·· d

.: UNIDAD 10 :.

1·· d
2·· b
3·· d
4·· b
5·· a
6·· c
7·· d
8·· b
9·· b
10·· c